営業の神さまが笑うとき

高橋 恵

●注意
(1) 本書は著者が独自に調査した結果を出版したものです。
(2) 本書は内容について万全を期して作成いたしましたが、万一、ご不審な点や誤り、記載漏れなどお気付きの点がありましたら、出版元まで書面にてご連絡ください。
(3) 本書の内容に関して運用した結果の影響については、上記(2)項にかかわらず責任を負いかねます。あらかじめご了承ください。
(4) 本書の全部または一部について、出版元から文書による承諾を得ずに複製することは禁じられています。
(5) 商標
本書に記載されている会社名、商品名などは一般に各社の商標または登録商標です。

はじめに
「営業の神さま」が喜ぶ5つのポイントとは？

私は40歳のときに離婚しました。そして42歳のとき、経済的に自立できるよう、自宅のワンルームマンションで、当時高校生だった長女の次原悦子と、長女の同級生の松本理永の3人で、小さなＰＲ会社を興しました。

サニーサイドアップと名づけたその会社は、娘や多くのスタッフたちのおかげでどんどん大きくなり、２０１８年には東証一部に株式上場を果たしました。

でも、会社を立ち上げた当時の私は、ちょっと前まではただの主婦だった普通の女性です。いまでこそ女性社長も珍しくありませんが、当時は「女だけではじめた会社」と見られ、不動産を借りるだけでも一苦労でした。

また、私はお金も人脈もなかったですし、何の資格も実績も持っていませんでした。

経営の経験や才能もなく、専門的なプランニングやマーケティングについても、それは同じでした。

でも、**営業だけは誰にも負けず、いつも「営業の神さま」が微笑んで**くれました。

詳しくは本章に譲りますが、私は短大を卒業後、入社した広告代理店での営業はもちろん、結婚後も、保険、「タッパーウェア」、化粧品、女性用かつらなど、いろんなモノを売ってきました。

どれもジャンルとしてはバラバラですが、いずれも独自のアイデアで瞬く間にトップの成績を取り、PR会社を創業後もひたすら営業営業でした。

よく「どうして、そんなにモノが売れるんですか?」「なんで、恵さんが売るとうまくいくのでしょうか?」と聞かれますが、私は「営業の神さま」が笑ってくれる秘訣は5つあると考えています。

1つめは「行動」です。

人脈もコネも、お金も実績もなかった私は、行動を武器にしました。

営業は「こちらが考えていたとおり」の結果が出るとは限りません。むしろ、予想外のことが起きることのほうが多いでしょう。「考える」には限界があるのです。しかし「動く」には自分が諦めない限り、際限がありません。まずは動き、その上で考えるのです。

私は**「頭を光らせる前に足を光らせる」**とよく言っていますが、第1章ではこの「行動力」について詳しく紹介していきます。

2つめは「スピード」です。

どれだけ動いても、スピードがない動きでは意味がありません。

たとえば私は「お礼状は当日中に書いて出す」を実践していました。東京で地方のお客さまにお会いした際、その日のうちにお礼状を書いて郵送していたので、私のお礼状がお客さまのお帰りを（郵便受けの中で）お待ちしていた、ということもありました。

私は**「石橋を叩く前に渡れ」**をモットーにしていましたが、スピードの重要性についても過去のエピソードを交えながらお話ししていきます。

3つめは「情熱」です。

お客さまは商品知識が豊富で、営業トークも爽やかで、常識的な営業さんから商品を買いたいのでしょうか？

それよりも、無私の心でお客さまと向き合い、共感力が高く、情熱的な営業さんのほうが、好感を持つと思います。

私は、つねづね**「情熱が人を巻き込む力になる」**と言っています。

4つめは「愛情」です。

営業さんの「こうすれば買ってもらえる」とか「このお客に丁寧に接してもリターンは少ないだろう」という気持ちは、たいていお客さまに見透かされています。技術や経験は、時に営業にとって足枷にすらなりえるのです。

私は**「得ることより与えることに鍵がある」**と思っています。

この言葉は、38歳の若さで亡くなったプロウィンドサーファー・飯島夏樹の言葉です。損得抜きで人に愛情を与え続ける彼に背中を押され、私は「人のため世の中のために思い切り尽くそう」と思い立ち、一般社団法人「おせっかい協会」を立ち上げました。

5つめは「人間力」です。

私は「人間力とはおせっかい力だ」と捉えています。おせっかいとは、見返りを求めず、ただただ相手のためを思った親切な行動のことです。要は「人のために何かしてみよう」ということなのです。

いつも**「お客さまを喜ばせるにはどうすればいいのか」**を考え、一生懸命におせっかいを焼いてきたことで、結果的に営業成績のトップを取ることができたのだと思います。

上場企業の創業者と言えば聞こえはいいかもしれませんが、**私は仕事以外のことでも、これまでの人生で貴重な経験をたくさん積ませてもらいましたし、はたから見れば大変なことは何度もあった**と思います。

私は三姉妹の次女として、太平洋戦争の真っただ中に生まれました。電気技師だった父は30歳で戦死し、3人の娘を抱え26歳でシングルマザーとなった母のもとで育ちます。

戦後、母は事業で失敗し、東京に引っ越してきたものの生計が成り立たず、私は知り合いの家に預けられました。

その家ではひどいいじめを受け、中学生だった私は悔しさや悲しさのために何度もトイレで涙をこぼしました。高校生になって実家に戻った私は、本屋さんでアルバイトをしながら、姉の援助と奨学金で短大に入学したのです。

こう言うと、いまの若い方からすれば「なんて波乱万丈な人生なんだ」と感じたかもしれませんね（笑）。

でも私は、**すべてがいまにつながる経験だった**と思っています。

営業は面白い仕事ですが、やはり面白いだけではありません。断られることは多いですし、むしろ「断られてからが営業の仕事」という言葉もあるくらいです。

また最近では、大学生の就職活動において、営業は人気がないそうです。

一方で、現実には、とくに文系の学生は大半が営業マンとして入社しています。そういう状況だけに、営業にやりがいを感じない人が多いのかもしれません。

しかし「営業の神さま」は、ちゃんと見てくれています。

満たされていないものや足りないものに対して不満を持つのではなく、それを自分が前進していくエネルギーに変えていきましょう。

この本では、そういった「マイナスをプラスに変える秘訣」なども含めて、営業とは何か、どうすれば売れる営業になれるのかを、私のこれまでの経験を踏まえた上でお話ししていきます。

かつての私のように、**なんの実績も経験もない新人さんや、特別な職歴も専門的スキルもないという女性はもちろん、すでに営業の仕事をされている方にも、何かしらのヒントになれば**と思っています。

まずは一つからでもかまいません。

「これなら自分にもできそう」とか「これをやってみたら面白くなりそう」ということを試し、続けていきましょう。

きっとあなたにも「営業の神さま」が微笑んでくれる日がやってきます。

営業の神さまが笑うとき◎もくじ

第2章

「スピードは失敗に勝る」と心得よう

第3章

常識で挑まない 人の心は情熱で動く

第4章

知識や経験を超える「愛情」を持とう

第5章 人間力とは「おせっかい力」のこと

おわりに

■装丁　八木麻祐子＋齋藤友貴（ISSHIKI）
■編集協力　伊藤彩子
■カバー写真　于前
■イラスト　TOMO

第1章

5秒で行動しないことには成功も幸福もない

頭を光らせる前に足を光らせる

あなたはいま、5秒で動いていますか？

「え⁉　わけもわからず動くなんて、非効率でしょ？」
「失敗しないように戦略を練ってからでなくちゃ」
「いまはZoomもあるし、いちいち会いに行かなくても大丈夫」

とにかく動いて人に会いに行くなんて、それは昭和の営業スタイル。いまの時代はもっとスマートにやるのが当たり前。売れる営業になる方法が知りたかったのに、この本ハズレかも……。

そんなあなたの嘆きが聞こえてくるようです。

でも、本当にそうでしょうか？

とあるイベントで、一人の若い女性が私のそばにやってきました。

新卒で入ったメーカーでルートセールスの仕事をしていて、もうすぐ30歳になるけれど、いまだに仕事がつまらない。生活は安定しているものの、私でなくてはできないという仕事ではない。自分にしかできないような営業がやってみたい……。

だから、恵さんの話が聞きたいというのです。

「いつにしますか？　平日は仕事なので、来週の土日なら大丈夫なんですが、恵さんのご都合は？」

そんな彼女に、私はこう言いました。

「来週？　出勤前の時間があるでしょ？　明日の朝7時、うちにいらっしゃい」

「明日？　7時⁉　そんなにすぐ……。しかも、そんな早朝にうかがって大丈夫なんですか？」

「来週までの1週間がムダじゃない（笑）。すぐいらっしゃいよ」

あとで彼女に聞いたところ、彼女は「これが〝すぐ動いてみる〟ということか！」と肌で感じることができたと言います。その後、この女性はすぐさまベンツのディーラーに転職し、入社1年目で全国4位のトップ営業になりました。

私が魔法のようなテクニックを教えたわけではありません。彼女だって、ごく普通のお嬢さんでした。

「営業はあれこれ考え込むより〝言ってみる、行ってみる、やってみる〟がすべて」という私の言葉を、ただ素直に実践しただけです。

社会人でも学生さんでも、動いている人が減っています。頭で考えてばかりでは、何も変わらないし、もちろんモノだって売れません。

会ってみたい人がいる。

自分を変えたい。

売れる営業になりたい。

そう思ったら、考え込んで頭を光らせる前に、足を光らせて動いてみる。まずはそこからが始まりです。

人の心を溶かすのは「おせっかいなほどの」行動のみ

A：商品のいいところを熱心に説明してくれる営業さん
B：「これ、どうぞ」とアメをくれる営業さん

AとB、あなたはどちらのタイプの営業さんでしょうか。

私の経験からいえば、お客さまに「この人から買いたい」と思わせることができるのは、間違いなくBのタイプです。

家や会社に営業さんがやってきたら、あなたはどう感じますか？

何か物を売りつけられると、身構えるのではないでしょうか。

そんな相手にいくら商品をアピールしても、門前払いを食うだけです。


まずは、相手の心をあたため溶かさなくてはなりません。

「口車に乗って買わされてなるものか」と、冷えて凝り固まった心には、何を言っても刺さらないからです。心を溶かすには行動しかありません。

私は42歳でPR会社を起ち上げ、人脈もコネもない中、まずは「104（電話番号案内）」で調べ、毎日テレアポを続けました。

ある一部上場企業の社長にアポイントが取れ、会社にうかがって会議室で応対してもらえたところまではよかったのですが、「前からつき合いのある広告代理店もあるし、実績のないあなたとはつき合えない」と、あっさり断られてしまいました。

ところが帰り際、カッターで作業をしていた社長が、誤って指を切ってしまったのです。そのまま会社を出たものの、どうしてもケガが気になった私は、薬局で止血剤や包帯を買って会社に戻り、お届けしました。社長はかなり戸惑ったお顔をされていましたが、一応「ありがとう」と言ってくださいました。

それから半年後、その社長から連絡があり「あのときのお礼だ」と、CMの仕事依頼があったのです。

もし、あのとき「大きな会社だから、きっと救急箱もあるだろう。私がおせっかいを焼く必要はないかな」と薬を届けなかったら、この仕事が舞い込んでくることはなかったわけです。

目の前で相手がケガをしたら、誰だって「大丈夫かな」と心配になりますよね。でも、いくら口で「大丈夫ですか?」と気遣っても、血が止まるわけではありません。

無理をする必要はありませんが、ちょっと自分が動くだけで相手の役に立てるのであれば、やらない手はないと思いませんか？

ここまで大きなアクシデントでなくても、お客さまの様子を見て感じることはいくらでもあるはずです。相手が身構えているなと感じたら「これ、どうぞ」とアメをあげて緊張をほぐしたり、これから飲み会だと聞いたら二日酔い防止ドリンクを差し入れたり。

感じたことがあれば、ぐずぐずせずに5秒ですぐ行動に移す。

それが、相手の警戒心を解き、心を溶かすコツです。

知識という武器を持つだけでなく、5秒で行動する武器も磨き上げてくださいね。

52枚のトランプには4枚のエースがある

何枚めくっても、エースがまったく出てこない。

こういうとき「もういいや」と諦めてしまっていませんか？

営業の面白さは、エースがなかなか出てこなくても「次こそは！」と思って続けていると、48枚目から4枚連続でエースが出る、といったことが現実に起こるところにあります。

なにしろ営業という仕事は、毎回、契約が取れるわけではありません。

10人会って、一つでも色よい返事がもらえればラッキーというところです。

つねに一喜一憂の連続ですし、いまの自分の行動が回りまわって3年後に契約につながる、もしくは契約を失う……といったこともあるだけに、何が成功で何が失敗だったかという結論がすぐに出るものでもありません。

だからこそ、たとえ10人に断られても**「11人目に会えば、今度こそいけるかも」と思える前向きさが大切**なのです。

「お客さまに最初から買う気がなかったのか」

「買う気はあったが、自分のセールストークがいけなかったのか」

「もっと共通点を探して会話を弾ませたほうがよかったのか」

こんなふうに悩んで立ち止まっているのは、時間と健康のムダづかいです。お客さまの本心や状況は、お客さま自身にしかわからないので、考えても仕方がありません。

そうやって一人で悩み、ストレスをため込んでいるくらいなら、どんどん動いてたくさん断られる経験を積んだほうがいい。自分の悩みが的外れなのか当たっているのか。それは、実際にお客さまを相手に試していくことでしか本当のことはわかりません。

断られても、失敗しても、命を失うわけではありません。「失敗は成功のもと」という言葉のとおり、失敗は成功までの通過点の一つです。

たとえば、私のもとには「SNSって、やったほうがいいと思いますか？」と悩む営業さんからの相談が舞い込むことがあります。それに対する私の答えは「やってみればいいじゃない！」の一択です。

「あの人から買いたい」と思われる営業になり、継続的にお客さまとつながっていくのに、SNSはうってつけのツールです。私もタブレットでSNSをやっていますが、いまの時代に営業の仕事をしていたら、確実に仕事に活用していたと思います。

一方で、プライベートならいざ知らず、仕事で実名をさらしながらSNSをやるというのは、たしかに勇気がいることです。フォロワーが少ないうちは、恥ずかしさもあるでしょうし、面倒が起きるリスクもあります。

でも、そこでエイヤっと勇気を出して一歩を踏み出してみることで、エースを引き当てる確率がグンとアップするのです。

直感は、未来の自分からのサインです。

コーネル大学のトマス・ギロヴィッチ教授が、**人々に人生で何を最も後悔しているか振り返ってもらうという調査をおこなったところ、75%もの人が「したこと」よりも「しなかったこと」に対して、後悔するという結果になった**そうです。

失敗したくないと行動しなかったことが「あのとき、挑戦しておけばよかった……」と、のちのち大きな後悔となって自分を苦しめてしまう。それなら「これでダメなら仕方ない」と思えるまで、繰り返しとことんやり切ったほうが、たとえうまくいかなくてもスパッと諦めがついて、次のステップに前向きに進んでいけます。

名刺やSNSで「お客さまを喜ばせたい」をつくる

私が保険、女性用かつら、化粧品などの営業活動をしていたころは、名刺が最大の営業ツールでした。

「飛び込み営業の名刺はすぐゴミ箱行き」というのが普通ですから、どうにか名刺を捨てずに取っておいてもらうためにも、こんな工夫を凝らしていました。

・絵を描く

オリジナルでさらさら描けるほど絵が上手ではなかったので、本屋さんでデッサンの練習用の本を買い、筆ペンで好きなものを描いていました。

そして、いつも52枚は名刺入れに。不足した分は、つねに補っていました。

・名言を書く

絵を取っかかりに、お客さまと言葉を交わせるようになって、味を占めた私は、名刺裏の余白に人生訓などの名言も書くようになりました。

当時、趣味で通っていた話し方教室で教わった人生訓を参考に「頼まれていないことをするのが心に残る」などといった言葉を書くことで、表面の絵に感心したお客さまが、裏面も見て「おっ、ここにも」と驚いてくれるのが楽しかったですね。

・名刺の隅にマジックで●や★のマークを書いておく

そのうち、マークも入れるようになりました。

パッと見は汚れに見えるので、たいていは「これ何？」と聞かれます。反応してくれたらしめたもの。「何枚か印をつけておいて、『特別素敵だな』と感じたお客さまだけに渡しているんです」とお伝えすると、大半のお客さまが喜んでくださいました。

こんなふうに、名刺だけでも二重、三重の取っかかりをつくって、お客さまの心を動かすことができます。**一つひとつは小さいことですが、それをいくつか重ねることで、名前と顔を覚えてもらい、次につなげていくことができるのです。**

最近では、名刺以上に、SNSでつながることの効果も実感しています。

名刺はなくしてしまうこともありますが、SNSでつながっておけば、相手からブロックされない限り、半永久的につながり続けることができます。

お客さまとお互いの誕生日にメッセージを送り合ったり、ご家族のお祝いごとにコメントしたりと、お客さまの心を動かすことのできる機会がたくさんあります。お客さまと適切な距離を保つ難しさはありつつも、普段からSNSでつながっておくことで「小さな取っかかり」の数を増やすことができるからです。

4000人超のフォロワーを持つトップ営業さんは、時折「SNSをやってまで売り上げを上げたいのか」と批判的なことを言われるそうです。

名刺にしてもSNSにしても、たしかに最初は「どうにかお客さまの興味を引いて、売り上げにつなげたい」という気持ちからスタートします。

ところが、**お客さまが驚いたり、喜んだりしてくれるうちに、自ずと売り上げのためばかりでなく、「もっとお客さまを喜ばせたい」という気持ちが出てくる**のです。

SNSに批判的な人は、自分で動いたことがないから、そういう気持ちがわからないのかもしれません。そんな批判は気にせず、お客さまの笑顔を原動力に、もっともっと喜んでもらえる方法を見つけ、行動していきましょう。

「言い訳の天才」から「できる理由の天才」になる

いろんなタイプの営業さんから相談を受けて思うのは、みんな言い訳がとても上手なこと。


「お客さまが話を聞いてくれない。自分にはもう無理なんです」

「やろうと思っていたけど、忙しくって」

「上司が何もアドバイスしてくれないから」

「恵さんは特別な人だから、自分には無理」

「自分はどうせこの程度だから、努力してもムダ」


などなど。本当に嫌味でもなんでもなく、「言い訳の天才！」と感心することはしょっちゅうです。


でも、これってすべて「できない言い訳」ばかりですよね。

私が思うに、できると思ったら、人間はなんだってできます。

「○○だからできない」という言い訳を先に持ってくるからできないだけ。

考えなければいけないのは「できる理由」です。

どうすればできるのか、それを考えるクセをつけましょう。

私の場合、自分が「今日絶対に売る！」と決めたら、片道の新幹線の切符しか持たずに出張先に向かっていました。もちろん、お金もカードも持っていきません。何が何でも売って、お金を持って帰るぞと腹をくくり、決意どおりに売り切りました。

そうしないと、帰れないので仕方ありません（笑）。

いまはスマホ一つで新幹線に乗れますから、当時とは事情が違います。

でも「絶対に売る」と、強く心に刻むことはできるはずです。

背水の陣で臨むからこそ、「こういう言い方はどうだろう」「もっとこうしたら印象に残るのでは」というアイデアがどんどんあふれ出してきます。

私が車で営業エリアを回っていたとき、ふと「せっかく営業に来ているのに、ただ営業先の駐車場やコインパーキングに車を停めておくのは、本当にもったいない」と思い立ったことがありました。

多くのお客さまと会いたくても、身体は一つしかありません。

車を広告代わりにすれば、お客さまのほうから私を見つけてやってきてくれます。

そこで、さっそく名刺と営業用のパンフレットをクリアファイルに入れ、「ご自由にお取りください。興味がおありの方はご連絡ください」と油性マジックで書いた紙と一緒に、車のワイパーに挟んでおいたのです。

数時間で戻ると、名刺とパンフレットが減っていることがあり、実際にセールスにつながったこともあります。

初めて本を出したときも、おせっかい協会（詳しくは「おわりに」をご参照ください）の仲間たちと、電車の中で本を外に出して手に持ったり、読んだりして、表紙を周囲に見せて宣伝する活動をしていました。**これだって、20人でやれば、1車両につき100人×20人＝2000人もの人たちに告知できるのです。**

こうした営業ノウハウは、私だから思いついたわけでも、特別に優れたやり方というわけでもありません。何を売るにせよ、言い訳は封印し、「自分ならこれをどう売るだろうか」と考え、工夫していけばいいのです。

私はいつもこんなふうに考えていたので、「次は何をしようかな♪」と、心から楽しんで営業していました。どうせなら、あなたも楽しく営業しませんか？

理屈よりも直感を信じて動くほうが成功する

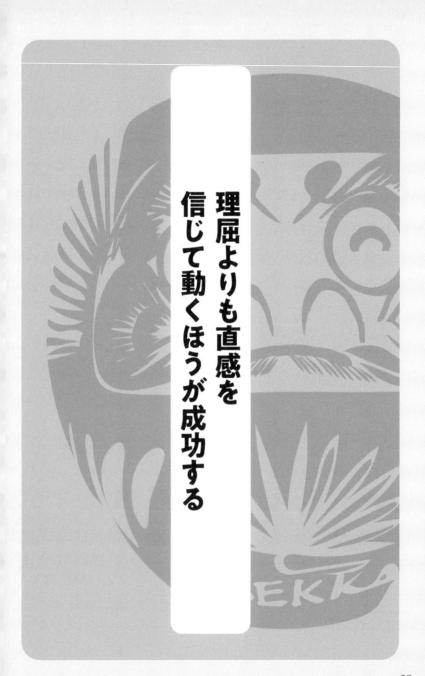

行動することがなぜいいか。それは「直感を磨くことができるから」というのも理由の一つです。

「あ、この商談いけるかも」「いらないと言っているけれど、なんとなく次につながりそう」「このお客さま、ずっと笑顔だけど、のちのちトラブルが起きそうな予感がする」などなど、理屈ではなく、数々の成功や失敗、さまざまな経験の積み重ねから、瞬時に感じ取れるものがあります。

私は、素敵な人、面白い人がいるとすぐ信じてしまい、「大丈夫？」と周囲から心配されていますが、「この人は怪しい」と直感的に感じ取るセンサーも備わっているようで、おかげさまで詐欺に遭ったことは一度もありません。


営業には、この直感力がとても大事。


「どうしようかな。やめとこうかな。たしかに直感では、このお客さまはいけそうなんだけど、１００％確実ってわけじゃないし……」と悩んでいると、「いまだ！」というその一瞬を逃してしまいます。

人の心は移ろいやすいものですから、タイミングが少しずれるだけで「やっぱりいらない」「よく考えたらいまは必要ないや」と契約を逃したり、違和感に見て見ぬふりをして商談を進めたけれどやっぱりトラブルになった……という事態に陥ったりしがちです。

こうした直感力を身につけるには、ひたすら行動するしかありません。

先に紹介したベンツディーラーでトップ営業の女性も、経験を積むにつれ直感が発動するようになったと言います。先日も、点検にいらしたお客さまとの雑談で、なんとなく「どなたか紹介してくださいよ」と軽いノリでお願いしてみたそうです。するると数日後、そのお客さまから電話があって、「先輩が欲しいって言ってるんだけど」とのこと。ゴルフ帰りに来店されて、5分で商談がまとまったそうです。

彼女は「点検に来てくださったお客さまは乗り換えたばかりだし、2000万円もする車を買ってくれる人を紹介してくれるわけないよな。そう思って普段なら他の話題を探すのですが、そのときは不思議と第六感が働いたというか、『言ってみるか』という気になったんですよね」と言っていました。

まさにこれが直感です。「あ!」とひらめいたら、5秒で行動に移してみる。それを繰り返していけば、あなたにも必ず直感力が身につきます。

じつは人間には、もともとかなり精度の高い直感力が備わっているそうです。シカゴ大学のレヴィット氏は、「コイン投げサイト」と呼ばれるウェブサイトをつくりました。閲覧者が「いま決めかねていること」を書き込んだうえで、画面上のコインを投げ、表が出たら「実行」、裏が出たら「実行しない」というメッセージが表示されます。

書き込まれた悩みで最も多かったのは「いまの仕事を辞めるべきかどうか」で、次に多かったのが「離婚すべきかどうか」でした。そして、63％もの人が、コイン投げの結果にしたがって行動しました。

さらに、コインの裏表にかかわらず、悩みの解決に向かって何かしらの行動を起こした人は、半年後の幸福度が高いこともわかりました。

つまり、**本当に大切だったのは、「やる」か「やらないか」のどちらを選ぶかではなく、自分を信じて「やる、やらないを決断する」ことだった**のです。

あなたの直感は、ほぼほぼ正しいのですから、自信をもって直感にしたがって決断してください。なかなか決断に自信が持てないという人は、経験に裏打ちされた確信が得られるまで、とにかく行動し、経験を積み重ねていきましょう。

「千年でも万年でも待ちますから一度会ってください」

まず、あなたに次の質問をしたいと思います。自分にいくつ当てはまるか考えてみてください。

□我慢が苦手だ。
□落ち込みやすい。
□せっかちだ。
□すぐ結果が出ないとやる気を失いやすい。
□言い訳が多いと言われる。
□物事の見方が否定的である。
□言われたことだけやっていればいい。
□自分の限界を低く見積もりがち。
□今日やることが終わったら仕事を終わりにして、仮に余裕があっても明日のことはやらない。
□1回ダメだと、誰に言われたわけでもないのに「ダメだ」と自ら諦めてしまうことが多い。

当てはまる個数が多い人は、注意が必要です。

これらは「やると決めたら絶対にやりぬく」という営業としての基本を実行するのに、邪魔になる要素なのです。

やり抜くには我慢が必要ですし、勝手に「ダメだ」と諦めてしまっては、契約を取るところまでこぎつけません。

先ほどお話ししたとおり、私がＰＲ会社を起ち上げたばかりのときは、電話をかけても「必要ない」「つき合いのある広告会社がある」と、会ってすらもらえないことの連続でした。でも、ここで諦めていたら営業とは言えませんよね。

まずは、自社を売り込むからには、絶対に相手に会っていただかなくてはなりません。

あるとき、私はその「会っていただく」ことを目標に、とある会社に照準を定め、ＰＲを担当する広告宣伝課に電話をしたことがあります。

相手の企業は超大手。そしてこのときも、やはりつれない返事でした。

しかし、どうしても諦めきれなかった私は、もう一度、広告宣伝課に電話をしたのです。

すると、ラッキーなことに電話に出たのは先ほどと同じ担当者でした。

そこで私の口から出たのが**「千年でも万年でも待ちますから一度会ってください」**という言葉です。

相手の方はくすっと笑い、「僕のほうがそんなに待てないよ」と、会ってくださることになったのです。

「千年でも万年でも……」というフレーズは、自分の思いがどう伝わるか考え抜いたすえに出てきたものですが、そもそも2度目の電話をかけなければ生まれてこなかった言葉です。

たしかに、いつもこんなにうまくいくわけではありませんが、そのときは「会う！」と決めたからには絶対に会うという、その目標だけは果たそうと決めていました。

いざというとき、あれこれ考えて尻込みして、なかなか行動に移せない方が少なくありません。でも、どんなに考えても、答えなど自分にはわからないのです。

行動する前の思考なんて、「自分は何を必ずやるのか」を明確にできれば十分です。

すぐ行動に移して、それを絶対にやり遂げると決めましょう。

最初の目標を叶えたら、次の目標に即シフト

前項の続きですが、私は当初の「絶対に会う」という目標を叶え、某大企業の広告宣伝課にうかがうことができました。

その担当者の方とは、話をするうちに同い年であることがわかり、そこから「ご出身はどちら？」「どちらに住んでいらっしゃるのですか？」「どうして、そこまでがんばるの？」と話が弾んで意気投合したのです。

この中で、担当者の方から「パソコンできる？」と聞かれたのですが、当時の私は一切できませんでした。

でも、設立間もない会社の営業としては、もちろん「できます！」と答えるしかありませんよね(笑)。

そこから急いでわかる人に教えてもらい、次の訪問時には調査データの作成を提案しました。**ＰＲとは関係のない小さな仕事をいただくところから、おつき合いが始まったのです。**

このとき「ＰＲと関係ない仕事はしません」と、お断りすることは私の選択肢にはありませんでした。

私の目標は「宣伝課の人に会う」から「宣伝課とつながりを持ち続ける」にシフトしていたからです。

ＰＲというのは、新商品や新サービスの発売時などに必要になる仕事ですから、タイミングというのがあります。常時、仕事があるわけではありません。だから、まずはつながりをつくって、ＰＲの仕事が発生するタイミングを待とうと考えたのです。

その会社からは、のちにＰＲの仕事もいただけるようになり、当時、私たちが関わったＣＭは大きな反響を呼びました。

じつは、そのキャンペーンキャラクターは、いまでも健在で先日、誕生20周年を迎えました。ＮＥＣのテレビＣＭ「バザールでござーる」のキャッチコピーで知られる、あのおサルさん（バザール・デ・ゴザール）です。

もちろん、いつもいつも、こんなにうまくいっていたわけではありません。２度目の電話を無言で切られたことだって数えきれないほどあります。

前項でご紹介した「千年でも万年でも待ちますから、一度会ってください」というフレーズも、鼻で笑われて終わり、ということも、じつはめずらしくありませんでした。相手方に支払えない事情があったりして、小さな仕事だけで関係が切れてしまった会社だっていくつもあります。

でも、自分を信じて愚直に「断られても2度目の電話」「伝えるフレーズの工夫」などを続けて最後までやり抜く。それを継続していくと、ふっと営業の神さまが微笑んでくれることがあるのです。

すると、営業の神さまが微笑んでいるあいだに、2度目のチャンスをもらえることがあります。**そのチャンスを絶対に逃さないためにも、目標はこまめに、そして適切に切り替えることを徹底してください。**

もし、私がこのとき「会っただけで満足」とか、次の目標を「PRの仕事をもらうこと」などとシフトしていたら、きっといまに至る関係は築けなかったはずですから。小さくても着実な一歩こそが、結局は大きな成功への近道なのです。

時には深追いせずに「損切り」することも大事

最後までやり抜けと言っておきながら、深追いせずに諦めろだなんて矛盾してない？

そう思う人もいるかもしれませんね。

でも、引き際の美しさも営業には必要な素養です。いくらがんばっても、ダメな相手や状況はあるものです。

「あ、これ以上追ってもダメだ」というタイミングも、直感でわかるようになる部分が大きいので、これは経験を積んでいくしかありません。

ただ**「こんなに時間を費やしたのに、いまここで諦めるのはもったいない」という気持ちで、そのお客さまにコンタクトし続けているのなら、すぐやめるべき**です。


さんざん長話に何度もつき合わされて、結局、何も成果がなかった……というのは、営業なら誰でも経験があるのではないでしょうか。

でも**「ダメなものはダメ。さあ、次！」とスパッと切り替えられる人だけが、売れる営業へと成長できる**のです。

「あと少しだったのに」とぐずぐず未練がましく追いかけていると、負のオーラが出てきて、うまくいくものもいかなくなってしまいます。

こういうときは、ちょっと見方を変えてみましょう。

「いつ契約できるのかわからないこのお客さまにかける手間暇を、新しいお客さまに費やしたり、自分のステップアップのために勉強したりすることに使ったほうが、長期的に見ると得だよね」

こんなふうに考えてみませんか?

私がこう話しているのを聞いた友だちが教えてくれたのですが、経済学などでは、どうあがいても回収が不可能な時間や資本のことを「サンク・コスト(埋没費用)」と言うそうです。

人は、サンク・コストに敏感で「これだけやったのだからここで諦めるのは惜しい。あと少しがんばればなんとかなる」とずるずると続けてしまうと言います。

これは、超音速旅客機コンコルドが、大きな金銭的・時間的な投資を続けたことで、損失が膨らむと半ば自覚していながらも撤退するタイミングを見失い、商業的に失敗してしまった例にたとえて、「コンコルド効果」とも呼ばれるとのこと。

さらに、投資の世界では、含み損を抱えている株を売却して、損失を確定させることを「損切り」と言います。

営業に限らず、投資でも恋愛でも人間関係でも「こんなに時間とお金をかけたのに、がんばったのに……」というサンク・コストを切り捨てて損切りするのは、かなり難しいこと。**でも、相手に振り回されて翻弄《ほんろう》されるストレスと比べると、どちらがいいかは一目瞭然のはず。**

「もったいない」という気持ちが出てきたら、「損して得取れ」の精神を思い出して、次に向かってくださいね。

見方を変えれば「大したことではない」

そうはいっても、なかなか一度電話を切られたお客さまに、2度目の電話はできない。お客さまに聞きたいことがあっても、厚かましく思われないか心配で踏み込めない。そんな人もいるでしょう。

では、こういうのはどうでしょう。物事を違う方向から見てみるのです。

私はお客さまにはマメな営業でしたが、子どもたちにはそこまでマメな母親ではありませんでした。あなたも、お客さまに見せる顔と、恋人や友だちに見せる顔は違うはずです。

あらゆる物事もそれと同じ。恥ずかしい出来事にも、売り上げにつながる側面があったり、お客さまにぞんざいな対応をされたときにも、「こういうことをする人間にはなりたくない」という学びがあったりします。

物事にはさまざまな側面があるのですから、失敗や不安なところばかりに目を向けず、違うところを見るのです。

私が保険の営業をしていたころのことです。駅前の本屋さんに立ち寄り、自分の車に戻ったら、おまわりさんに呼び止められました。免許証を見せてと言うのです。

真冬にもかかわらず、ちょっと近くまでだからとノースリーブ姿で飛び出したこともあり、免許を持ってくるのをすっかり忘れていました。

もちろん、これは大ピンチです。でも、見方を変えれば、おまわりさんもお客さまの一人。お近づきになるタイミングがちょっと特殊だっただけですよね。

私は当時、健康食品の営業もしていたのですが、さっそく「おまわりさん、そんな元気なさそうな声じゃ、私もう行っちゃうわよ?」と会話のきっかけをつかみ、のちにこのおまわりさんと、健康食品の契約にこぎつけることができました。

いまは法令遵守《じゅんしゅ》に厳しい時代ですから、まったく同じように考えるのは難しいかもしれません。でも、免許不携帯というピンチを前に、「罰金払うのか……」と落ち込むのか、「営業の機会到来!」と張り切るのか。**同じ物事でも、ちょっと見方を変えるだけで、これだけ世界の見え方が違ってきます。**

だから「2度目に電話してたとえ怒られても、それをきっかけに話が広がるかもしれない」「厚かましく思われるかもしれないけれど、そのぶんグッと距離が縮まって仲良くなれる可能性もある」と、転んでもタダでは起きない気持ちを持ちましょう。

ついでに「転ぶ」つながりのエピソードを一つ。

以前、私が主宰するおせっかい協会で、障害者のライブイベントを企画したことがあります。街頭で告知のチラシ配りをしようと、電動自転車を買って移動していたときに事件は起きました。

乗ったことのある人ならおわかりかと思いますが、電動自転車ってものすごく重いんです。信号待ちをしているとき思わずバランスを崩し、ひっくり返ってしまったのです。

驚いた周囲の人たちが駆け寄ってくれたのですが、私の頭には「恥ずかしい」より「チラシを渡せるチャンス！」という文字がピカピカと頭の中に点滅していました。なんせ、そこにいた人たちが一斉に手を伸ばしてくれたのですから。倒れたままチラシを渡したあの光景を、自分でも忘れることできません。

人に言わせると、これも「相当恥ずかしいこと」ですが、見方を変えれば大したことではありません。だって「チャンス」なんですから！

こんなふうに物事を見ることができれば、動くこと、行動することに対する恐れや不安はあっという間に消えていきます。

スペシャルストーリー 1

言ってみる、行ってみる、やってみる

これから各章末は、私が実際に体験した話をもとに、友人の内村守男さんが創文してくださった「高橋恵の『愛あるおせっかい物語』短編集」の中から、とくに印象深いお話をスペシャルストーリーとしてご紹介します。

＊ ＊ ＊ ＊ ＊ ＊ ＊ ＊ ＊ ＊

言ってみる、行ってみる、やってみる。

これは、私が大切にしているモットーの一つです。

学生時代にアルバイトをかけ持ちしていた私は、本屋、売り子、販促、配達、放送局など、じつにさまざまなバイトを経験しました。

本屋では「この新刊ミステリーは流行っているから、この著者のミステリーコーナーをつくったら売れそうだ」と考えてすぐ実践し、売り上げを伸ばしていました。

このころから、思いついたらすぐ「言ってみる、行ってみる。やってみる」が、私の信条だったのです。

短大を出て就職した広告代理店でも「言ってみる、行ってみる。やってみる」が、道を切り拓く原動力になりました。

じつは、念願のマスコミに就職したという喜びにうち震えていたのは、研修期間まで。営業部に配属されると、お茶くみやコピー取りなど、雑務しか任されない毎日が待っていました。当時は1960年代。男女平等にはほど遠く、女性社員＝お茶くみ、雑務要員だったのです。

業《ごう》を煮やした私は、部長の机の上に、勝手に作成した企画書を置きました。**当時、まだどこも手をつけていなかった大学広告市場が「絶対にこれから伸びる」という確信があったのです。**

ですが案の定「おい、俺の机にこの企画書を置いたやつ、すぐ来い！」と呼び出され、企画書を突き返されてしまいます。

「ついでにコーヒー持ってこい」と言われた私の怒りは頂点に達し、「この企画書のどこがいけないんですか？　やってみる価値があると思います！」と食い下がりました。

部長はむっとした顔で「女でできるのか？　一人で営業やったこともないだろうが。だいたい、大学から広告を取るなんて、いままで誰もやってないのはニーズがなかったからだ！」と上から目線のダメ出しを繰り返します。

すると、課長が近づいてきて「大学の広告かぁ、狙いは面白いかもしれませんね。教育機関だけにハードルは高そうだけど……。新人にやらせてみたらどうですか？」と、思わぬ助け舟を出してくれたのです。

課長は社長の甥っ子で、将来の役員候補と目されていました。部長は当然、課長にはいい顔をしておきたいわけです。

「わかった。大学広告を取ってこい。いいか、大学に迷惑かけて、うちの会社に泥を塗るな。ただし、期間は2か月だ。それと、おまえ一人でやれ。そのあいだに一つでも取れなかったら、この企画はなしだ」

とにかくゴーサインが出たことがうれしく、私は「はい！」と営業部に響く大声で返事をしました。

課長の助け舟と部長のセコさに助けられてスタートした仕事は、広告出稿をお願いする大学のリストアップ、大学広告のイメージ図、メディアの価格表を入れた企画書をつくり上げたころには、すでに1か月が過ぎていました。

女だから、新人だから、できないんだろ

それから、リストアップした大学に足を運びましたが、当時は大学が広告を出すというのが一般的ではなかった時代です。だいたい、次のように断られ続けました。

「学長は不在です」と事務局に回される。

↓

私の年恰好を見て、同じくらいの若手を担当に出してくる。

↓

「私どもは広告をしたことがありません。資料をいただければ事務長にお伝えしておきます」とあしらわれる。

↓

「せめて担当者につないでいただけませんか」とお願いすると、「大学に広告担当者はおりません」とやんわり断られる。

でも、**本当につらかったのは、大学まわりから戻ってから**でした。

部長には、ここぞとばかりに嫌味と叱責を浴びせかけられました。

「今日も収穫なしか、会社は仕事のできない社員に給料を払っているわけじゃない」

毎日毎日、女だから、新人だから、できないんだろと……。

いまの時代なら間違いなく、パワハラで訴えることができるレベルの言葉のオンパレードでした。

また、頼みにしていた課長は、ニューヨーク支社に異動栄転となり、メールもSNSもない時代ですから、相談することもできなくなりました。

あっという間に残り1週間になってしまったのです。

「視点を変えるだけで9割の悩みは消える」

1日に2度も3度も顔を出し続けると、さすがに事務局の人と顔なじみになり、大学の事情をこっそり教えてくれるようになりました。

「予算の決定権は理事長が握っている。事務局ではどうしようもない」
「受験生が毎年増加しているから、広告を出す必要もないと判断している」
「教育界は横並びだから、どこかほかの大学が始めれば考え始めるかもしれない」

実際に大学に足を運んでみたことで、自分なりの反省点も見えてきました。

さまざまな大学で話を聞いてみると、広告を必要としているのは、受験生が自ずと集まる人気大学ではなく、受験生を集めるためにアピールしたい中堅大学だったのです。

それがわかったのは収穫でしたが、戦略を練り直す時間はもうありません。タイムリミットはあと1週間。それまでに1校でも広告が取れないと、会社に私の居場所がなくなってしまいます。

4度目の訪問だった大学で何の成果も得られず、私は大学の広場にあったベンチに座り込みました。

また部長に嫌味を言われるな。

戦争で死んだお父ちゃんは、こんな私を見てどう思うんだろう……。

憂鬱《ゆうう つ》な気分で空を見上げたとき、飛行機雲が南の方角へスーッと伸びているのが目に入りました。

瞬間、ハッとしました。その方向には、私の通った大学があったからです。

母校なら、話だけでも聞いてくれるはず！

「言ってみる、行ってみる、やってみる」で、私はすぐに母校に足を向けました。母校の理事長の「視点を変えるだけで9割の悩みは消える」という前向きな講話が、私の記憶に残っていたのです。

アポイントもなしに飛び込んだ先とは？

学生時代には縁のなかった理事長室の前に、私は立っていました。深呼吸をして、ドアをノックします。

「はい、お待ちください」と女性の声がして、秘書の方が現れました。そのときの香水の素敵な香りは、いまでも覚えています。

だからとっさに「いい香りですね」と、挨拶前につい口から出てしまいました。

「あら、同性から褒め言葉をもらえるなんてうれしいわ」と微笑んだ秘書の方は、「今日、理事長とのアポイントがありましたでしょうか？」と尋ねてきました。

私はそれを口火に、秘書の方を相手に理事長室の前で渾身《こんしん》のプレゼンを始めたのです。

「私は、昨年の卒業生です。いまは広告代理店で営業をしています。私が初めて企画した、大学広告の展開を理事長に聞いてもらいたく、アポイントもなしにお尋ねしました。こちらが、私がつくった企画書です、これからは大学もアピールする時代です。ぜひ、理事長に説明させてください」

「わかりました。いま理事長はおりますので、しばらくこちらのソファにおかけになってお待ちください」

私を落ち着かせるようにそう言い残し、企画書と私の名刺を手にした秘書の方は、理事長室の中へ入っていきました。

それから、約30分が過ぎました。

待っているあいだ、大学時代に事務局で見かけたことがある男性が、早足で理事長室の中へ消えていきます。志村けんさんに似ていたことから、学生から「けん」とあだ名で呼ばれていた事務長でした。

ようやく秘書の方が私を呼びに来て「理事長が話を聞きたいと言っています。いいことあるわよ」と、背中をポンと押してくれました。

「言ってみる、行ってみる、やってみる」で契約成立

その意味がわかったのは、理事長室に入ってすぐのことでした。理事長と事務長が、立っ

て私を迎えてくれていたのです。

遠い存在だと思っていた理事長が、立礼で迎えてくれるなんて思ってもみなかった私は、腰を二つに折り「あ、ありがとうございます」と、ぎこちなくお礼を述べました。

「母校を訪問してくる卒業生はいるけど、仕事を取りに来た卒業生はきみだけだよ」

理事長は笑顔で続けます。

「この企画書は、きみがつくったと聞いたけど？」

「はい、私がつくりました」

「イメージがわく、いい企画書だね」

私は、その言葉に背中を押され一気にしゃべりだしました。

「これからは広告の時代です。大学もイメージが大切ですから。この学校で学んでわかった、この学校の素晴らしいところを、もっともっとアピールしたいんです。私に大学の広告を担当させてください、お願いします」

理事長は、私の熱弁に目を丸くすると同時に、質問を繰り出します。

「大学広告の重要性はわかった、うちも検討し始めたところだった。ただ、どこからどうすればいいのかわからなかった。だから、この企画書は、私たちに答えを示してくれた。しかし、見事なプレゼンだね。会社で教わったのかい？」

「いえ、会社では雑用係の新人ですので、誰も広告のイロハを教えてくれません。**先輩の仕草や営業トークを真似して覚えました。**見様見真似でお聴き苦しいところもあったかと思います。私の信条は〝言ってみる、行ってみる、やってみる〟なんです。その勢いで理事長に会いに来ました」

「ほぉ、言ってみる、行ってみる、やってみる……。どのように書くんだい？」

理事長が興味を示してきます。

「言葉に出して言ってみる、とにかく出向いて行ってみる、そして、即行動のやってみる。私が勝手につくった言葉なんです」

「きみがつくったの、いい言葉だね。今度、学生の前で話してみるよ、それに、仕事を取りに来た情熱あふれる卒業生がいたということもね。いい言葉を教えてもらったお礼に、企画書に書いてあったプランＣのタイアップ広告をしてみたいと思う、細かなところは事務長と相談して詰めてほしい」

2度目の「ありがとうございます」は、しっかりと声を張って言えました。

母校の理事長室で取れた「一生の記念」

さらに理事長は「プランCの企画を読んでいたら、私なりにアイデアが出てきた」とおっしゃってくれました。

最初のページと最後のページを大学からの広告ページとして、あいだの6ページを大学紹介のタイアップページにできるなら、その6ページは本学の学生をレポーターにして大学生活を紹介するのはどうだろう、そうご提案されたのです。

「本学に通っている学生の目線でのリアルな大学生活紹介ですね。素晴らしいと思います。すごくいい記事になると思います。雑誌の編集長にできるかどうか、いますぐ確認を取ります。すみませんが、秘書室のお電話をお借りしてもいいですか？」

「私の電話を使っていいよ」

理事長が机の電話を指さしました。

「お借りしていいんですか!?」

震える手で電話をかけたところ、編集長の許可はすぐ取れて、私はあまりのうれしさに、理事長と事務長の前で「大丈夫です」と、大きな丸を両手でポーズをしました。

ちょうどお茶を持ってきた秘書の方が、その姿を見て「ぷっ」と噴き出します。理事長も、事務長も、笑い声をあげていました。

私も一緒に笑って言いました。

「自分で企画した案件の初めての契約です。一生の記念にします」

特別な取り柄や資格がなくても必ず結果が出せる

営業部に戻ると、さっそく嫌味な部長が「お、今日も成果なしでご帰還か。もう諦めたらどうだ？　大学広告を出すところなんて、あるわけない。わかっただろ」と、いつものしたり顔で言ってきます。

部長の前に立った私は、営業部全員に聞こえるように声を張り上げました。

「○○大学の広告が取れました。それも、いちばん高いタイアップ広告です。これが、理事長のサインと印の入った業務委託契約書です」


営業部の空気が、一瞬、静まり返ったかと思うと、

「え！　広告、取ったってよ」

「新人が取ったって、ほんとかよ」

と瞬く間にザワめきが広がっていきます。

私は部長の机に、業務委託契約書をバシッと置きました。

「この契約書に社判と社長印をお願いします」

「あ、はい……」

いつも怒鳴っていた大声とは似ても似つかない、小さな小さな声でした。

振り返ると、部長に隠れてこっそり手伝ってくれた同僚たちが、拍手をしてくれています。もちろんその夜は、みんなで祝杯を挙げました。

ニューヨークの課長にも、感謝を込めてお礼状を出しました。あの課長のひと声がなかったら、生まれなかった仕事です。

この後、大学広告タイアップページは、在校生が紹介するキャンパスライフページとして人気が出て、大学広告市場開拓の先駆けとなったのです。

いまから半世紀以上も前の出来事ですが、驚くほど営業という仕事の本質は変わっていないということがよくわかるのではないでしょうか。

思い立ったら、すぐに「言ってみる、行ってみる、やってみる」。

特別な取り柄や資格がなくても、女性でも、新人でも、その姿勢があれば必ず結果が出せるのです。

私のこの体験が、それを証明してくれます。

第 2 章

「スピードは失敗に勝る」と心得よう

「即行動」のモットー、やめました

これまで、私はずっと「即行動」をモットーにしてきましたが、いまはこのモットーをやめました。

なぜなら、メールやＳＮＳが登場した最近では、さらにスピードアップして「即速行動」へと進化したからです。

たとえば、今回の本をつくるときも、取材前から編集者をはじめとするスタッフの方たちとＳＮＳでつながって、お会いする前にご挨拶したり、本に込めたい思いを伝えたりしていました。

だって、そのほうが会ったときにより深い話ができるじゃないですか。

実際、この本をつくるために、初めて会ったはずの編集者さんの第一声が「恵さんとは、初めて会った気がしませんね」でした(笑)。

これで打ち合わせが盛り上がらないはずがありません。

「思い立ったら即速行動」がいちばんなのです。

営業というのは不思議な仕事です。

「このお客さんにアポを取ろうと思ってたけど、もう少し下調べしてからにしよう。明日でいっか」という先延ばしタイプの営業さんには、なぜか「もっといい商品が出てきそうだから、いまは決められない」という先延ばしタイプのお客さまが集まります。

逆に「紹介してもらったお客さまに、すぐアポイント取っちゃおう」という即決タイプの営業さんには、不思議と「あなたを信頼してるから買うよ」という即決タイプのお客さまが集まるのです。

もちろん、先延ばしタイプも、その人なりの個性を生かした営業スタイルですが、やはり結果が出やすいのは即決タイプです。先延ばしの人が立ち止まっているあいだに、行動し続け、成功や失敗を積み重ねているのですから、当然のことです。

結果を出したければ、決断のスピードを速め、どんどん行動していくに限ります。

先延ばしがクセになっている人は、よく「いつかどうにかなるだろう」「今度でいいか」と口にします。

でも、この「いつか」「今度」は、二度とやってきません。

目の前で電車のドアが閉まり、商談に遅れてしまえば、遅れたのがたった1秒でもそれまで築き上げてきた信頼関係がガラガラと崩れてしまいます。

つねに1分1秒が成否の分かれ目になるのですから、私はメールだって「即速レス」がモットーです。

チャンスは、みな平等に来ているのです。でも、即速行動していない人は、「即速行動していない」というだけで、チャンスをつかめません。

何が何でも、あと回しにしない！　その姿勢が大きなチャンスを呼び込むのです。

もう一つ、チャンスをつかむ手段として、ぜひお伝えしたいことがあります。

お客さまとアポを取る際に、よく「5日か7日か12日なら空いています」などと、お会いする候補日をいただくことがありますよね？

こういうとき、私はつねに最短の日程を選んでいました。

最初の日を優先する。

これもチャンスを逃さない、私の大事な決めごとでした。ぜひ頭に入れておいてくださいね。

手書きのお礼状を「その日のうちに」書いて出す

地方営業に行った帰りの新幹線の中で、私のやることはいつも決まっていました。お会いした方々に向けて、新幹線の車内でお礼状を書いたのです。**東京駅に着くころにはすべての方に書き終えて、その日のうちにポスト投函していました。**

そのため、私のバッグには、いつもこの「お礼状４点セット」が入っています。

・自分の名前・住所を印刷したはがき
・記念切手シート
・宛名シール
・ペン

「今日はありがとうございました。この度は突然の訪問で申し訳ありませんでした。○様にお会いできて本当に感謝いたします。今後ともよろしくお願いいたします」

このように書いて、東京駅からはがきを出していたのです。

新幹線の中で書けば、揺れで字も歪んでしまいますが、気にしません。

大切なのは「お会いできてうれしかった」「ありがとうございます」という感謝の気持

ちを、一刻も早く伝えること。美しい文字を書くことでも、凝った文章を書くことでもないからです。

「どういう文面にしよう」
「汚い字だから恥ずかしい」
「この手紙を見たら相手はどう思うだろう」

こんなふうに悩んでいる時間があったら、すぐにお礼状を出してしまいましょう。そのためには、いつも4点セットを携帯しておくことが必須です。

その人に会ったときの感動や感謝、うれしさなどがフレッシュなうちに書くからこそ、行間にあなたの心が入ります。だから、受け取った相手もうれしくなるのです。

何週間もあとになって「その節はお世話になりました」とメールや手紙をもらっても「はて、何をお世話したんだっけ？」となってしまえば、心がつながることはありません。ましてや「えーと、この人誰だっけ？」となる可能性もありえます。

だから「その日のうち」がいいのです。

もちろん、相手や状況によってはメールだってSNSでだってかまいません。

でも、お礼状は、慣れてしまえば書くのに1分もかかりませんし、一瞬で投函できます。メールをポチっとする手間と何ら変わりません。

それどころか、メールは何度でも書き直せることで、かえって時間がかかります。むしろ、手紙のほうが書く時間がかからないくらいです。

また、手紙のお返事は、メールの返信以上に心に残ります。

ある歌手の方からいただいた「恵さんのお手紙を読んでいるうちに、ドンドン元気になっていく自分に気がつきました。こんなにうれしかった手紙はありませんでした」というお返事を読んだときのうれしさをいまだに覚えています。私の手紙を読んで、ドンドン元気になっている姿を想像できたからです。

こんな時代だからこそ、手書きの重みがもたらす効果は絶大なのです。

ぜひ「その日のうちのお礼状」を実践してみてくださいね。

心配事の95%は悩まなくてもいいこと

「即速行動してみればいいじゃない！」と、営業で悩みを抱えた人たちにアドバイスを送ると、こう返されることがあります。

「でも、営業マンからすぐお礼の手紙がきたら、怖くありませんか？」

「お客さまのプライベートを、初対面で根掘り葉掘り聞くのはちょっと……」

なかなか「すぐやってみる」に踏み出せる人は多くありません。

「いい話ですね」と、満足するだけで終わってしまう人のなんて多いことか！

もちろん、行動には失敗や悩みがつきものです。自分が「これはいい！」と思うと突っ走ってしまう私ですから、営業でも失敗の連続でした。

とくに最初のうちは、夢中になって話しすぎて、相手の迷惑顔に気づかなかったこともしょっちゅうでした。相手が相槌を打たなくなったことに気づいて、ふと我に返り、慌てて謝ったことも1度や2度ではありません。

話の糸口をつかもうと、お客さまに家族構成をお聞きしたら「そんなこと、なぜあなたに言わなければならないのか」と、ぴしゃりと拒否されたことだってあります。

でも、くよくよ悩み続けることはありませんでした。もちろん、相手に迷惑をかけたことは反省しますし、二度と同じことはしません。

ただ、悪意があってやっているわけではありません。

「ウザい」と思われることはあれど、「相手を喜ばせたい」という思いだけは、しっかり伝わっているのではないかと思っています。

よく「悪意のない善意がいちばんやっかい」などとも言われますが、遠慮ばかりしていて踏み込めなければ、心と心のつながりは生まれません。お客さまが100人いれば100人と気が合うわけではありませんから、**気持ちが通じないのであれば「自分とは合わないお客さまもいる」という割り切りも、ときには必要**です。

悩んでいる時間があるなら、今度は迷惑がられずにお客さまを喜ばせる方法を考えたり、新たなアポイントを取りつける算段をしたりするほうがいいと思いませんか?

そんな私の経験からいえば、「悩みの9割はどうでもいいこと」です。

いろんなところで、それをお話ししてきたところ、懇意《こんい》にしている大学教授から「恵さんが言ってること、最先端の研究でも証明されているよ」と教えてもらいました。

ペンシルバニア大学のボルコヴェック氏の研究では、**「心配事の79％は実際には起こらず、16％の出来事は事前に準備をしていれば対処可能」**だというのです。

本当に心配事が現実になるのは５％だけ。しかもこの５％で起きるのは、未曽有の大災害など自分の力ではどうにもできないことなんだそうです。

つまり、ほとんどのことは、ちゃんと準備しておけば大丈夫なことだらけ。

まだ起こっていない未来を心配して、ネガティブな気持ちになりそうになったら、「心配事が現実になることはまずない」ことを思い出してくださいね。

「損得」を考えている時間がもったいない！

自分はこれだけやったから、これだけのお金をもらえなければ損だ――。

こういう考え方では、トップセールスになるのは難しいのです。

なぜかというと、**営業という仕事には波がある**からです。

誰でも一度は「売れて売れてしょうがない」という時期があります。若さやフレッシュさが武器になることもあれば、未開拓エリアを担当すればお客さまが注目してくれることもあるでしょう。

でも、それに相手が反応してくれるのは一時的なこと。新鮮味が薄れたあとは、いかにお客さま一人ひとりと、強いつながりをつくれているかがものを言います。

損得を考えず、相手に頼まれた以上の成果を出すことでしか、強いつながりは生まれません。

あなた自身も、明らかに「自分にとってトクだから」と近づいてくる人間はイヤですよね？

結局は**「そんなに自分のことを考えてくれているのか！」という見返りを求めない行動が、人の心を動かす**のです。

ＰＲ会社時代の私は、テレビや新聞、雑誌の記者さんたちとおつき合いがありました。彼らは土日も関係なく忙しく仕事をしている人たちなので、雑談の中で「引っ越しを考えているけれど、なかなか不動産屋に行く時間がなくて」と漏らす人が少なくありませんでした。

そこで「それなら私が」と、代わりに家探しをしたことが何度かあります。エリアや間取りの希望を聞いておき、仕事の合い間に、ちょっと不動産屋さんに立ち寄って資料をもらうだけですから、１時間もかかりません。

たったそれだけのことなのに「えっ⁉　本当に探してくれたの？」と、驚き喜ぶ顔を見ることができるのが、私の楽しみでもありました。

テレビ局のプロデューサーの奥様が個展を開くと偶然知り、足を運んだこともあります。あとから「行ってくれたの？」と喜んでいただけました。

よく「頼まれたこと以上のことをやろう」と言われますが、私の場合は「頼まれていないこと以上」です（笑）。

こうした行動が、必ず仕事につながったかといえば、そんなことはありません。

人を紹介してくださる人がいる一方で、あっさり他社に乗り換えてしまった人もいます。でも、私が好きでやっていたことですから、相手を恨む気持ちはこれっぽっちもありません。たまたま気持ちが通じなかっただけのことです。

いいことが起こったから感謝するのではなく、日々感謝しているからいいことが起こるのです。

損得にこだわらず、相手を喜ばせたいという気持ちで動いていると、不思議と困ったときに助けてくれる人が現れます。Aさんを喜ばせたからAさんから喜びのお返しがある、という単純なものではないのです。

そもそも、損得を考えている時間がもったいないと思いませんか？

「損得を考えて動くと、判断ミスをしやすい」という研究結果もあるそうです。営業の神さまは、ちゃんと私やあなたの行動を見てくれています。

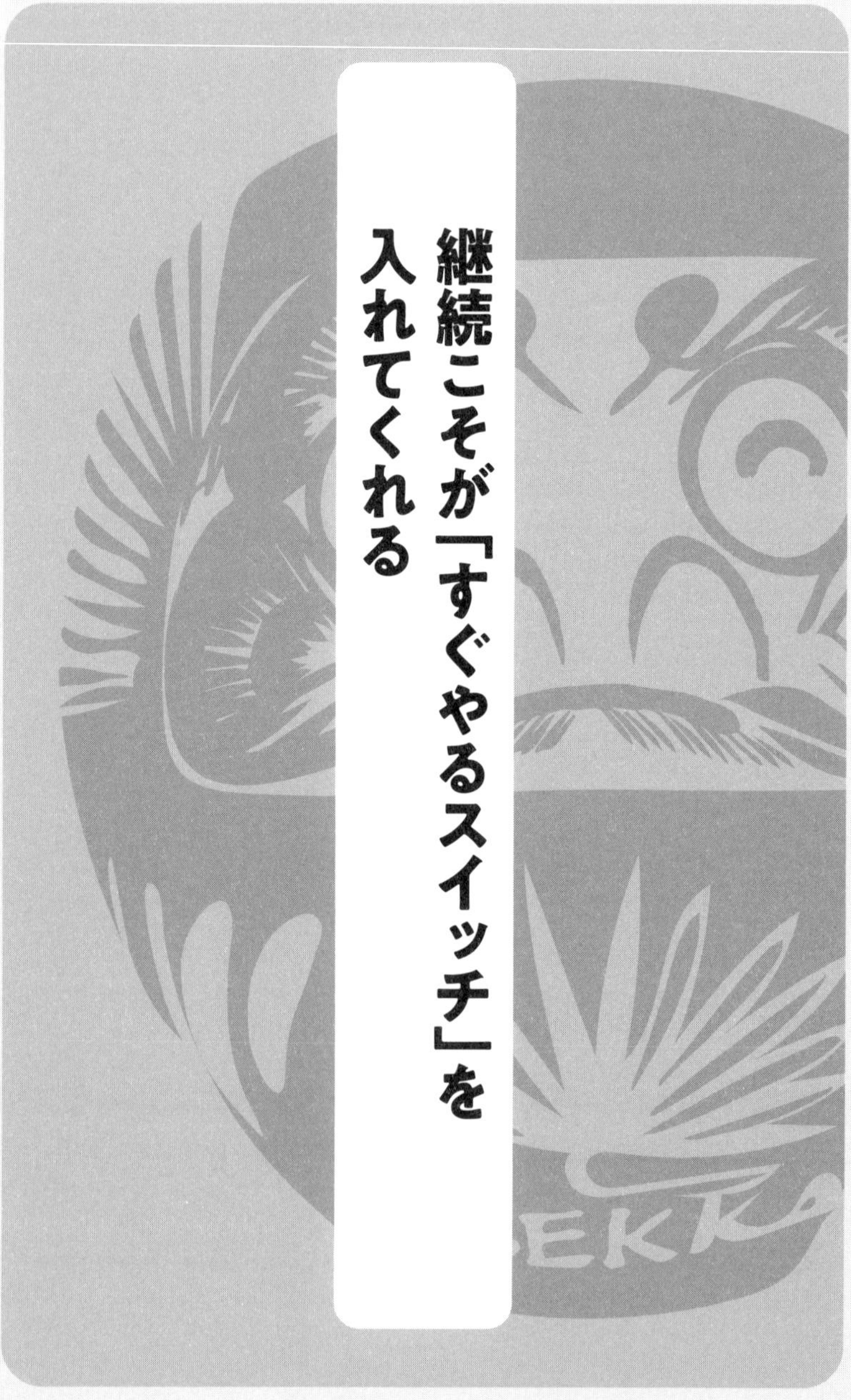

継続こそが「すぐやるスイッチ」を入れてくれる

もし「動くと失敗しそう。自分に自信が持てない」という悩みが「即速行動」の妨げになっているなら、**仕事でなくてもいいから、何か一つを自分で決めて続けていく、ということに挑戦してみて**ください。

私がずっと続けているのが、毎日、朝日の写真を撮ってSNSにアップすることです。以前、たまたま朝日の写真をアップしたときに、「きれい」と喜んでくださる方がいたので、じゃあ明日も、その次の日も、と気づけば何年も続けています。

何の役にも立たない行動ではありますが、継続していくことが自信になり、思わぬ縁をつないでくれることがあるのです。

サニーサイドアップを起業し、営業の現場を駆けずり回っていたころの私は、全国の新聞社にプレスリリースを送るとき、商品の資料と一緒に、直筆の手紙も同封していました。

手紙については、新卒で入社した広告代理店時代から続けていたことですから、二十数年のキャリアがありました。ただ、リリースは何百通も送りますから、作業は徹夜になってしまうこともしばしば。その割に、反応はほとんどありません。

でも、あるとき地方新聞社の記者さんが「あなたの手紙が面白かったから」と、その商品を記事で紹介してくれたことがありました。**それが自信になって、反応があってもなくても、ずっと直筆の手紙を続けていたのです。**

会社を起ち上げて1年半が経ったころ、営業が思うようにいかず、大ピンチを迎えた時期がありました。

そんなとき、1通の手紙が会社に舞い込みました。差出人は、ある新聞社の局長さんです。リリースは新聞社宛てに送っていたものの、面識は一切ありません。読んでみると、会社の苦境をどこかで知り、励ましてくれる内容でした。

「苦しくても〝心に太陽、唇に歌を〟。生きる道はこれしかありません。健闘を祈ります」

この言葉のおかげで、ここでへこたれている場合ではないと、がんばる力がわいてきました。それこそ、この新聞社にプレスリリースを送り続けていたからこそ、手紙を送ってくださったのかもしれません。

「反応が少ないわりには手間がかかって大変だから、やめてしまえ」と手紙を同封しな

くなったら、こんなうれしい出来事には巡り会えなかったことでしょう。

やってみて、自分が「よかった！」ということは、継続してみるに限ります。

初めのうちは勢いがあって、いろいろ試して結果を出したけれど、だんだん飽きがきて、せっかく効果のある取り組みをやめてしまう営業さんをよく目にします。

一つのことを続けている人たちには、ある種の貫禄が備わりますが、それは数か月で出てくるものではありません。**数年、可能なら10年は続けていくことで、その人の持ち味になっていきます。**

続けることから生まれた自信は、行動のスイッチを入れてスピードを加速させてくれるのはもちろん、壁にぶち当たったときに、あなたを支えてくれる力になってくれるのです。

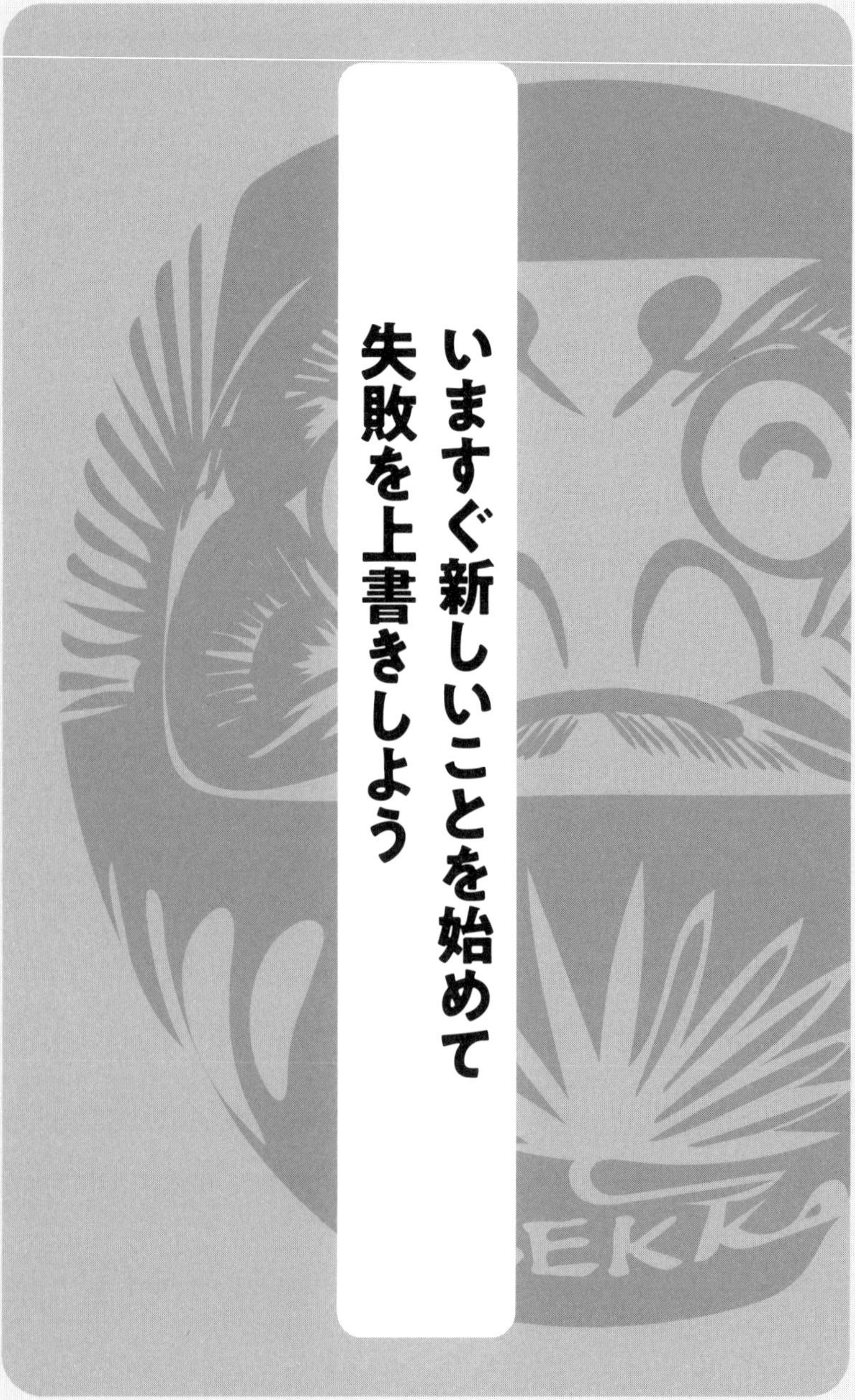

いますぐ新しいことを始めて失敗を上書きしよう

これまで自分以外にも、いろんな営業さんを見てきました。

その中で、売れる営業さんというのは、私も含め例外なく「新しもの好き」でした。

「これいいな」と新しいものを買ったり、習い事をしてみたり。

前項で「苦しくても〝心に太陽、唇に歌を〟」という手紙をいただいた話をしましたが、私はもともと「超」がつく音痴。人前でカラオケを歌ったこともありませんでした。

でも、この手紙をきっかけに「1曲くらい歌えるようになろう」と、カラオケ教室に行ったのです。

しかし、あまりの下手さに教室中が爆笑の嵐に……。先生から個人レッスンをすすめられ、断念することになりました。でも、いまではこれも笑い話です。

私には、日本に上陸したばかりで、当時めずらしかった「タッパーウェア」を売っていた時期があります。

友だちの家でたまたま目にしたこの目新しい商品に「便利！」とほれ込み、急いで一つ購入したことが、「タッパーウェア」の営業を始めるきっかけになったのです。

私が思うに、迷いや不安で行動できない人は、失敗の経験が少ないのではないでしょうか。私のようにしょっちゅう失敗ばかりしていると、前の失敗はすぐ忘れてしまいます。

最近では、都立大学のプレミアムカレッジを受けました。

論文5枚を書いて1次試験は合格しましたが、年末年始、娘が新型コロナウイルスに感染してしまいます。検査の結果、私自身は陰性でしたが、濃厚接触者ということで2次試験の面接を受けられませんでした。

残念ながら途中で断念することになりましたが、今度はどんな失敗をやらかすのか、どんな笑い話が増えるのか、自分でも楽しみです（笑）。


そもそも、新しい物事に挑めば失敗はつきものです。

1回で覚えられずに人前で恥をかいたり、「すごくいい！」と興奮してネットで買った洋服がキツくて入らなかったりした経験って、誰にでもありますよね。だけど、初めてのことで失敗するのは当たり前。だから恥ずかしさだって、9割減です。

迷ってばかりで、なかなか行動のスピードが上がっていかない人は、自分がワクワクできるものを買ってみたり、新しいことを始めたりしてみましょう。

新しい行動をどんどん積み重ねていけば、「こうなったらどうしよう」と後ろ向きなシミュレーションを繰り返したり、「いま決断して失敗したら……」と、まだ起こっていない未来への不安で悩んだりすることがなくなります。

だって、新しいことを続けていれば、日々、失敗だらけなんですから！

悩んでいても仕方がない、失敗しないように今度はどうしようかと、考えられるようになっていくのです。

何よりいいのは、古い失敗の記憶を、新しい失敗が上書きしてくれること。

だから、ちょっとくらいイヤなことも、新しいことにチャレンジしているうちに、自ずと忘れてしまいます。

なんでも完璧にやろうとする完璧主義を手放して、新しい風を進んで生活の中に取り入れていくことが、考え込みやすいあなたの背中を押してくれるはずです。

大事なことを決めるときは相談しない

相談するのは悪いことではありません。

自分に知らないことやできないことがあったとき、人に「これってどういうこと？」「どうやるの？」と聞いたり、アドバイスを求めたりするのは、一向にかまわないと思います。

でも、自分で決断すべき場面、たとえば「なかなか成約に至らないお客さまを追い続けるか、やめるか」や、あるいは「いまの会社をやめるか、やめないか」「独立して起業するか、しないか」といった大事なことを決めるとき、私は誰にも相談することなく、自分の考えで決断し、道を切り拓いてきました。

起業したときも、「起業しようと思うんですけど、どう思いますか？」という相談は一切していません。だって、相談したら「やめておけ」と言われるだけですから。

当時の私にあったのは、トップセールスだったということだけ。金なし、コネなし、資格なしだった42歳のシングルマザーが相談しても、返ってくる答えは予想がつきますよね。

それでも、やってみよう、チャレンジしてみよう。そう決断できるのは、自分しかいないのです。

自分の仕事や人生を大きく左右する場面で、人に相談したくなるのは「背中を押してもらいたい」「不安だから人にお伺いを立ててみたい」「自分に自信が持てないから、やめろと言ってほしい」など、いろんな理由があると思います。

でも、ケースを問わず共通しているのは「誰かのアドバイスにしたがって行動すれば、自分で責任を取らなくて済む」ということです。そして、相談すればするほど不安や心配が募り、決断をどんどん先送りにしてしまうのです。

自信を持ってスピーディーに決断していく力は「自分で決める」経験を繰り返すことでしか身につきません。

また、ここで誰かに決めてもらうと、成功しても自分なりの手ごたえが得られませんし、仮に失敗したら「あの人がそう言ったからやったのに、失敗した。あいつのせいだ」と人のせいにし続ける人生になってしまいます。

最初は、ほんの小さなことでいいのです。日々「自分で決める」ことを習慣づけていきましょう。

会社の中のどうでもいい雑務を引き受けるかどうか。

ランチのとき何を食べるのか。

ほかの人が手をあげたり、決めたりするのを待たず、「自分で」決めていくのです。

私が人に相談を持ちかけるのは、決断したそのあと、ということが多いですね。

70歳でおせっかい協会を起ち上げたときも「ゆっくりすればいいのに」「無謀！」とさんざん反対されたものです。「はいはい、そうよね」と笑顔でうなずきながら「でも、やるけどね」と、決意は揺らぎませんでした。

人に流されず、自分で決めることができる人ほど、結果がどうであれ幸福感が高いとも言われているそうです。

実際、私はいま、毎日がハッピーです。決断できる力を手に入れて、営業としてはもちろん、一人の人間として幸せな人生を送りましょう。

石橋を叩く前に渡れ

石橋を叩きすぎて、壊したことはありませんか？

そんなことにならないように、石橋は叩く前に渡り切ってしまいましょう。**情報を集めて知ったつもりになるのではなく、思い立ったらすぐ行動するのです。**このスピード感が、営業で思うような結果が出ないとき、いつも私を助けてくれました。

「石橋を叩く前に渡れ」がどういうことか、具体的にわかるエピソードがあるので、ちょっと長くなりますがぜひご紹介させてください。

あるとき、大きなプロジェクトが終わり、ＰＲの仕事が途切れてしまったことがありました。

何か次の仕事を探さなくてはと思っていたとき、電話が鳴ります。

それは、飛び込み営業時代のお客さんだった会社の部長からでした。

何度も営業に行ってお世話になり、雑談話で盛り上がることもたびたびで「きみは芸能界のことから、新製品のことまで情報通だね」と、いつも褒めてくれていました。

その部長から、初めてＰＲの仕事の話が舞い込んだのです。

「今度、東京でやっていたラジオ連動キャンペーンを、大阪でもやってみたいという会社があるんだ。きみは顔が広いでしょ？　大阪のラジオ局で知っているところないかな」

私は二つ返事で答えました。

「心当たりあります、当たってみます。ぜひ、やらせてください！」

その電話を聞いていた、当時高校生だった娘が、不安そうに言います。


「本当に大阪のラジオ局に心当たりあるの？」

「いや、ない。ラジオ局の名前さえも知らない」

「え⁉　それなのに引き受けたの？」

「あはは、そういうことになるかな。でも、当たってみなきゃわかんないじゃない」


あきれ顔の娘をよそに、大阪という初めての舞台にワクワクしながら、大阪にあるラジオ局の電話番号を探していました。

いまなら検索すれば一発ですが、当時は「マスコミ電話帳」だけが頼り。テレビ局やラジオ局、広告代理店、出版社などの連絡先がリストアップされたこの本を見ながら、毎日のように大阪のラジオ局に電話する日々が始まりました。

「あなたの話は聞かないよ」という強い意思

ラジオ局の代表番号にかけると、だいたいは営業部や宣伝部に回され、そこで広告担当が出ます。

でも広告担当は、決定権がなく、すぐに断られるのがオチでした。

そこで、決定権を持つ部長との面談を視野に入れ、広告担当から部長の名前をなんとか聞き出しながら、部長とのアポイントを取りつけられるようにがんばりました。

部長の名前が判明したら、今度は部長宛てに何度もアポイントを入れていきます。

「東京のPR会社の高橋と言います。宣伝部長の渡辺さんをお願いいたします」

もちろん、秘書の方はこう答えます。

「申し訳ございません。現在、渡辺は会議中です。ご用件をお伝えいたします」

会議が終わったタイミングを見計らい、再び電話です。

すると、やっぱり秘書の方はこう言います。

「申し訳ございません。現在、渡辺は外出中です。ご用件をお伝えいたします」

次の日も次の日も、ひたすら電話をかけ続けました。

ついに３日後、いつもと同じように名前を伝えて部長につないでくれるよう秘書の方にお願いしたところ、しばらく間がありました。

「それでは、渡辺におつなぎいたします」

ついに渡辺部長が電話口に出てくれたのです。

ところが……。


「私が渡辺です。何度かお電話いただいていますが、東京のＰＲ会社とうちの局とはあまり接点はないので、お会いしてもご期待に応えることはできないと思います。今日は、その返事を直接お伝えしたくて電話に出ました。何かご縁がありましたら、こちらからお電話いたします」

そう一気に言って、電話が切れました。私の話は聞かないぞ、という強い意思が感じられたのです。

しかし、ここでめげないのが私です。かえって心に火がつきました。**「せめて企画の内容だけでも話したい」という思いが、胸の中でメラメラと燃え始めたのです。**

娘は再びあきれ顔で私を諭します。

「また、ダメだったんでしょ？　もう諦めたらいいよ。そんなデカい会社が、創業したてのうちみたいな会社を相手にするわけないよ」

「大阪でPRできたら仕事を任せたい、と言ってくれるクライアントがいる以上、なんとか、この仕事を実現させないといけない。よし、いまから、大阪に行ってくる！」

「また始まった……。本当にいまから大阪に行くの？　相手もいないし、無鉄砲すぎる。お金だってかかるのに」

「会いたい人がいるなら、会えない理由ではなく〝会える方法〟を探すものでしょ。とにかく行って、直談判してくる」

すぐに必要な書類をバッグに詰めて、東京駅へ急ぎました。

新幹線に飛び乗って新大阪へ向かうと、さらにラッシュの地下鉄に揺られながら、ラジオ局に到着しました。

断られたはずの営業部長が会ってくれた！

さっそく受付で、営業部長の渡辺さんとの面会を申し入れました。

秘書の方が受付まで来てくれたので、私は「こう言おう」と決めていたフレーズを口にしました。

普通に会いに来た、と言っても受け入れてもらえないと思ったので、インパクトのある言い方を新幹線の中で考えておいたのです。

「突然申し訳ありません、営業部長の渡辺さんに取り次いでいただけないでしょうか。東京からお電話した際、『会うことはできない』と断られてしまったPR会社の高橋と申します。**本日は、断られた方のお顔を拝見しにうかがいました**」

淀《よど》みなく伝えると、秘書の方はア然として、私の顔をのぞき込んできます。

「あ、はい。いつもお電話をありがとうございます。あの～、もしかして今日、東京からいらしたのですか？」

「はい、電話を置いて、すぐ新幹線に乗ってきました」

秘書の方は、私の言葉を聞いてクスッと笑顔を見せてくれました。

「それでは、ちょっとお待ちください。渡辺に取り次ぎますので」

しばらくして通された会議室には、渡辺部長が待っていました。あきれ半分の笑顔で。

「いやいや、あの電話のあと、すぐに東京から来たなんて、きみが初めてだよ。あはは。すごいね、きみの行動力は。とにかく30分しか時間ないけどいいかい？　話を聞くことにしよう」

東京から来たのに30分だけと思うか、多忙な部長職の人が30分も時間を割いてくれると思うか。

もちろん、私は「よし！　30分も時間をもらえた」と、心の中でガッツポーズをしていました。

そして、情熱をこめてプレゼンをしました。

たった2時間の大阪滞在で得られたものとは？

「ありがとうございます。じつは、この会社が大阪のシェアをアップしたいと言っています。もし、大阪でラジオ広告枠が取れたら、プロモーションを含めて任せてくれるというのです。これからの時代は、ラジオ広告とプロモーションが連動して、お客さまの心をつかむ時代です。これが、私どもの企画書です。ぜひとも渡辺さんに直接読んでいただきたくて持参いたしました。何卒ご検討ください。よろしくお願いいたします」

秘書の方が用意してくれたお茶に手をつけず、一気に話し切った私に、渡辺部長が「お茶をどうぞ」とすすめてくれます。

企画書に目を通した部長は、こう言ってくれました。

「この企画書、よくできているね。ラジオ広告とキャンペーンの役割がはっきりしている。うちも、ラジオ広告に、どのように付加価値をつけてプロモーション展開をするか、考えていたところではある。目のつけどころは、うちの今後の戦略と一致するかもしれない。とにかく、内部で検討してみよう」

渡辺部長はそう言って、最後にこうつけ足しました。

「しかし、高橋さんの会社は、行動が早いね」

「うちの社訓は〝石橋を叩く前に渡り切る〟です。やりたいことがあるなら、すぐやる会社なんです」

「あはは、すぐやる会社、面白いねぇ」

「今日はありがとうございました。お会いできて光栄でした。今後もよろしくお願いいたします」

渡辺部長と秘書の方、お二人に受付まで見送っていただきながら、私は会社をあとにしました。

大阪の滞在時間は、たった2時間だけでした。

「ちょっと人より早い」だけではインパクト不足

その後、渡辺部長から電話が来て、部内で検討した結果、やってみようということになったとの返事をいただけたのです。

渡辺部長とは、大阪の先輩・友人として大阪展開のアドバイスをいただき、退職されたいまも、気心の知れた友人としておつき合いが続いています。

このエピソードを「情報が少なく、メールがない時代の話でしょ？」と切り捨てるのか、「圧倒的な速さは営業の武器になる」と思うのかはあなた次第です。

もし、大阪に行ったのが電話をした翌日だったら、渡辺部長が会ってくれたかどうかはわかりません。

少なくとも「電話を切った数時間後に、目の前に東京の会社の人が現れた」というスピード感が、インパクトを与えたことは間違いありません。

「会えなかったらお金がもったいない」「恥をかきそうでイヤだ」と迷っているうちに、営業の神さまはそっぽを向いてしまいます。

「ちょっと人より早い」だけでは、本気を伝えることはできません。結果を出したいなら、石橋を叩くのはやめて、思いついたらすぐ行動！

会いたい人がいるならさっさと会いに行き、石橋を渡り切ってしまいましょう。

それが、他の追随を許さないスピード感となり、お客さまの胸を打つ大きな武器になるのです。

第3章

常識で挑まない
人の心は情熱で動く

「まさかここで!?」という場所でもモノは売れる

第１章で、電車の中や駐車場でも営業してきた経験をお話ししたので、「とんでもない人だ、常識がないのかな？」と思った人もいるかもしれませんね（笑）。

でも、常識にとらわれていたら、ほかの人と同じか、それ以下の成果しか得られません。**頭をもっと柔らかくして「ここでも売れないか」「どう売ろうか」と考えていけば、能力や学歴とは関係なく、人とは違った「目のつけどころ」を持つことができます。**

いまはセキュリティが厳しく、とても考えられないことですが、私は意外な場所で商品を売ったこともあります。目のつけどころを工夫する一例として、お聞きください。

あるとき、知り合いの社長から「どうしても売れない」と相談を持ちかけられました。その社長は**「これからは女性用かつらの時代だ。女性たちが自由に髪型を変えて楽しむ時代が来る」**と会社を興したものの、売れ行きがいま一つだというのです。

いまは、エクステやヘアピースを楽しむ女性も増えていますから、社長には先見の明があったのですね。ただ、当時はデパートで販売していましたが、人前でかぶって試すのは恥ずかしいという女性が多かったのです。

そこで私は「わかりました。１００個貸してください」と申し出ました。

ただ、正直まったく販売先のあてはありませんでした。

通勤中に電車に乗っていても、考えるのはかつらのことばかり。

人前でかぶるのがイヤだと言っても、試してもらわなければ買ってもらえないし、どこか人に見られず試着できる場所があるといいのだけれど……。

いいアイデアがいっこうに浮かんでこないまま、電車が新宿駅に着きました。ラッシュアワーだったこともあり、車内から女性たちがわらわらとホームに出ていきます。私の目に飛び込んでくるのは、女性たちの頭、頭、頭……。

「こんなに女性（の頭）**がたくさんいるんだから、100個なんてあっという間！」**

そう考えると、なんだか力がわいてきました。

意気揚々とかつらを置いてくれそうな展示会場を見つけ、担当者を呼んでもらうために受付に行きました。受付の女性は、清楚なイメージがするサラサラのロングヘア。ショートヘアにしたことがなさそうだから、かつらで変身できるなら楽しそう！

さすがにここではかぶれないけれど、トイレなら誰にも見られず試せるはずです。

そこで思い切って、「トイレでサンプルを見てみませんか？」と誘いました。

すると、彼女は興味を示してトイレについてきてくれました。鏡があるので、トイレだって立派な試着室です。あれこれかぶってもらったら、清楚だった受付の彼女は、ショートヘアで小悪魔風に、ウルフヘアーでワイルドにと、素敵に変身を遂げました。「かわいい」「似合う」と褒めていたら、トイレに入ってくる女性たちが興味を示しだしました。女性の上司までやってきて、ガラリと雰囲気が変わった彼女を見て「私も」とかぶってくれました。

上司がやっているからと、及び腰だった女性たちが、次々と試着を始めます。すかさず「3つ買えば3か月払いにします」と提案したら、最終的に十数個売れました。

この日から、私は丸の内や銀座、新宿などのオフィスビルを訪問して「トイレ作戦」を決行。１か月後には完売を果たしました。

常識破りの行動ですが、人間はやろうと思ったらできるのです。

「頼むから買ってください」と言わずに、いかに「へぇー、面白そう。私もほしい！」とお客さまに思ってもらえるアイデアを粘り強く考えられるか。それが営業としての「腕」と「情熱」の見せどころです。

キラリと光るひと言で熱意を伝える

第1章で「千年でも万年でもお待ちします！」と言って、私が契約を取ったお話をご紹介しましたが、もしこのとき「ぜひお会いしたいんです。いつまでもお待ちしているので、ご連絡ください」と言っていたら、どうだったでしょうか？

あなたがお客さまの立場なら、どちらの営業さんに情熱を感じますか？

やっぱり「千年でも万年でも」のほうが、インパクトがありますよね。

結果が出ない営業さんには「せっかく熱意を持っているのに、それがお客さまにしっかり伝わっていない」という共通点があります。

それには表現力が必要です。あなたとぜひお会いしたい、一緒に仕事がしたい、自分という人間を知ってほしい……そんな情熱を相手に伝えて自分を売り込むのが営業という仕事です。ありきたりの言葉では、相手の心を動かすことはできません。

本書の中でも、お客さまの心に響くさまざまな表現や言い方をご紹介してきましたが、すぐ再現できるように、ここでタイプ別にまとめてみました。

①数字を使う

「千年でも万年でもお待ちします」

「1日は8万6400秒」
「私を社外にいる社員として、一人分の給料を2か月払うつもりでお願いします」

数字を使うと、お客さまがイメージしやすく、こちらの思いが伝わりやすくなります。リアルな数字だけでなく、かえって非現実的な数字を使うことがユーモアとして相手に響くこともあります。

②言葉を重ねる

「言ってみる、行ってみる、やってみる」
「頭を光らせるよりも足を光らせよう」
「即速行動、疾走せよ」

一つひとつは特別な言葉ではありませんが、二つ、三つと並べることで口にすると気持ちのよいリズムが生まれ、オリジナリティがアップします。

③断定する

「石橋を叩く前に渡れ」

「今日がいちばん若い」

「見知らぬセールスマンに見せる素顔こそ、その人なり。また我が姿なり」


アントニオ猪木さんの「元気があれば、なんでもできる!」などもそうですが、物事を断定的に言うと名言調になり、印象が強まって説得力が増します。

「私は思いついたらすぐ行動するようにしていまして、それがモットーなんです」と言うよりも、「私の営業哲学は『石橋を叩く前に渡れ』です」と、コンパクトな名言調に仕立てたほうが、インパクトを与えられます。

あなたなら、どんなフレーズでお客さまを振り向かせますか?

今日からさっそく耳にした言葉、目にした言葉にアンテナを張り、心に残る言葉を見つけてみてください。

背筋を伸ばすだけで戦う気持ちがわいてくる

ある俳優さんに聞いた話ですが、目の前に観客がいる生の舞台では「ただ立っているだけ」というシーンがいちばん難しいと言います。

人間は緊張や不安を感じると、無意識に前かがみになってしまったり、手足をやたらと動かしてしまったりするのだそうです。

リラックスして、ただ姿勢よく立つ。まずは、演技のテクニック云々の前に、それができるようにならないと、観客に違和感を与えてしまうとおっしゃっていました。


長年、営業としてさまざまな商品を売り続けてきた私は、いつも「お客さまの目線で営業としての自分を見る」ということを習慣にしてきました。先ほどの例で言うなら、観客の目で自分を見てきた、ということになるでしょうか。

電車の中で、街中で、トイレで、さまざまな場所で頻繁に自分の姿をチェックしてきてわかったのが、お客さまに断られ続けたり、上司に叱られたりして、**自信を失っているときほど背中が丸くなり、目線が下を向いているる**ということです。

やはり、それではモノは売れませんよね。

売るためのテクニックやスキル以前に、「自分はこれを売るんだ」という気迫を相手に感じさせることができなければ、「この人から買いたい！」とお客さまに思っていただくことはできません。
その人が持つ迫力や本気度が醸し出すオーラが「これを買ったら楽しそうだけど……」「この会社とおつき合いしたらワクワクできそうだけど、一種の賭けだな……」と悩んだり迷ったりしているお客さまの背中を押すから、モノが売れるのです。

「やる気に満ちていて気持ちがいい」
「こんなに熱心なら信用できる」
「この人に賭けてみよう」

そんなふうにお客さまに思わせる営業さんは、例外なく背筋がピンと伸びています。
背筋を伸ばすだけで、相手に情熱ややる気を感じさせられる？
「そんなことありっこない」と、そう思う人もいるかもしれませんね。
でも、ぜひ一度、試してみてください。
お客さまに断られ続けて消えかかった心の炎が、背筋を伸ばすと「よしっ、またがんばるぞ！」と再び燃え上がり、戦える気持ちになるのです。

実際、背筋が伸びていて堂々としている人ほど、決断力、積極性、負けず嫌いなどに関係するホルモンの分泌量が多いという、ハーバード大学の研究者による研究結果があると言います。逆に（別の実験ですが）、鬱病の患者さんの多くが、背筋が丸まっているそうです。

連戦連敗で自信が持てない。なかなかやる気がわいてこない。そんなときほど「鶏が先か、卵が先か」ではありませんが、背筋をピンと伸ばす！

スマホを見て、みんなが下を向いて歩いているいまだからこそ、心がけておきたいことの一つです。

商品情報ではなく、共感したことで話を弾ませる

新人の営業さんは、どうしたって知識や経験を武器にするのは難しいものです。

でも、心配しないでください。じつは、営業という仕事に、知識はそれほどたくさん必要ではありません。

とくに、いまはインターネットがありますから、よほど専門性の高い分野でもない限り、知識だけならお客さまのほうが詳しい、なんてことも日常茶飯事です。**だから、知識だけに頼った営業では生き残るのが難しくなっています。**

無理に知識に走ろうとすると、商品の細かい話や業界の裏話なんかになりがちで、そこから話を弾ませるのは至難の業《わざ》です。

では、どうやって買っていただくのか？

「お客さまを楽しませる雑談をしながらモノを売る」というのが、その答えです。

一見、商品とは関係のない雑談の中から真のニーズを引き出したり、お客さまに寄り添って買った先にある生活やメリットを想像させたり。そのために必要なのは、共感したことから話を弾ませていく力です。

でも、ここが勘違いしやすいところなのですが、共感するのはいいことですが、営業が自分の土俵で会話を展開してはダメです。

たとえば、お客さまから海外旅行が好きだと聞いたとき「そうなんですか、私もそうで○○へ行ったんです。それで……」と、自分語りをしてしまう営業さんは、意外に多いものです。

でも、それは基本的に「自分の話」ですから、話題がどこにも広がらないし、よっぽど趣味が合致していない限り、お客さまにとってはまったく面白くありません。

「ああ、そうですか」としか答えられず、会話が終わってしまいます。

でも、雑談が上手な営業さんは違います。

「僕も海外旅行が好きなんですけど、まだそんなに行けてなくて。海外に必ず持っていくモノとかってあるんですか？　旅慣れている方の持ち物って興味あるんです」

こんなふうに、お客さまに向かって質問していきます。

するとお客さまも、たとえば「正露丸だね。これに何度助けられたことか」などと答えることができます。そうすれば「やっぱりおなか壊すんですか？　何を食べられたことがあるんですか?」などと、話を広げていくことができますよね。

共感というのは、相手の土俵に立って考えることで生まれるものです。

「この営業さんと話が合う」「話していて楽しい」と思ってもらうためにも、「会話を自分の土俵に持ち込まない」「相手の土俵で話そう」と考えるクセをつけることが大切です。

出身地で盛り上がらなければ趣味、趣味に関心がなさそうだったら仕事の話、仕事がダメなら健康やグルメなど、話題を変えながら、お客さまの共感ポイントを探していきましょう。

コネや借金に頼らず、工夫でもって経営する

サニーサイドアップの出発点は、小さなワンルームマンションの1室でした。設立資金は、自分たちで貯めた３００万円。そのうち30万円は、高校生だった長女がアルバイトで稼いだお金です。

そのときオフィスにあるのは、もらったお古の机二つだけでした。**客観的に見れば、おそらく足りないものだらけでしょう。**

当時、長女はバンドをやっていて、私が外回りから帰ってくるのを待ちながら、マンションの廊下でドラムの練習をしていました。

そんな長女に「うちで待てば？」と、隣の設計事務所の方が声をかけてくださり、その事務所で待たせていただいたりもしていました。それがご縁で、当時はまだ高価で買えなかったコピー機を使わせていただくこともありました。

やがて自分の車を売って、ＦＡＸとコピー機を買いました。合わせて70万円の投資です。いまでもその金額を忘れることはありません。

父が戦死し、戦後の混乱期に事業で失敗した母が借金で苦しんで、無理心中まで考えたこともありました。

だから私には、借金をして会社をやる、という発想がありませんでした。

コネについても同じです。目先の実績づくりには役立ちますが、しょせん借り物は借り物なのです。

いま、あるものを、目いっぱい使おう。

そう考えた私は「ただいま、スタッフ全員出かけております」と留守番電話に吹き込みました。手伝ってくれるスタッフは娘と娘の友だちしかおらず、昼間は私一人だったのですが。

また、部屋は607号室を借りていたのですが、上の階の部屋が空いたので707号室も借りました。そうすれば、名刺の住所に6F・7Fと書けますよね。まるで2フロアを借りている大きな会社のようではないですか(笑)。

コネやお金がないなら、工夫をすればいい!

嘘でなければ、多少盛ってもOKなのです。

お金に頼らない工夫に慣れれば、いざお金を使うときも慎重になります。コピー用紙1枚でも、自分のお金だと思うとムダにはできません。

これには笑い話があって、独立前に勤めていたＰＲ会社に、いつも会社に給料を前借りしている男性社員がいました。名刺の裏に借りた金額を書き、借用書にしていたのですが、それがどんどん溜まっていくわけです。

そんな彼が、独立したというので会社に遊びに行くと、「そのコピー用紙、まだ使えるよ」「名刺はムダに配るな」と社員に注意しているのです！

やっぱり、人というのは、他人のお金だと思うと惜しみなく使えるものなのです。でも、いざ自腹を切って商売をするとなると、名刺１枚でも惜しいと思ってしまいます。

だから、起業や独立を考えているのであれば、まずは自力でがんばってみてください。コネもお金もなくても、知恵さえあれば必ずなんとかなるものです。

「起業も独立も考えてない」という方も同じです。会社のお金を大事に使おうという社員さんは、意外に少ないもの。私が、そんなあなたの会社の経営者なら、絶対にあなたを大事にすると断言しますよ（笑）。

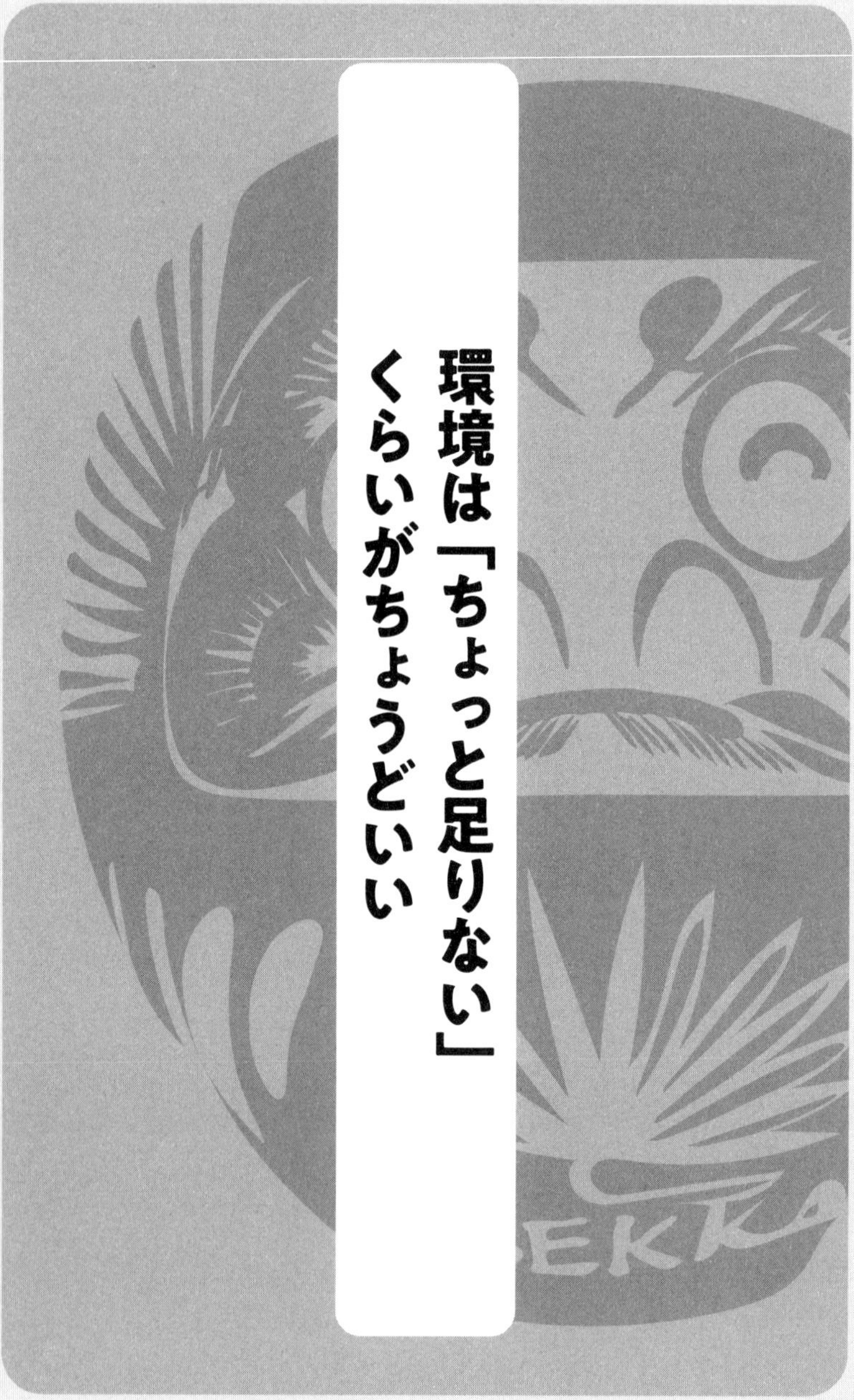

環境は「ちょっと足りない」くらいがちょうどいい

「営業がうまくいかない」「結果が出ない」という若い人と話していると、「上司がちゃんと教えてくれない」「会社の方針が不明確」「お客さまも全然わかってくれない」といった批判を聞くことがあります。

上司が悪い、会社が悪い、お客さまが悪い……。

たしかに、そういう面もあるでしょう。

でも、手取り足取り教えてくれる上司、しっかり方向性が定まっている会社、ものわかりのいいお客さま。

そういうすべてが整った環境が、果たしてあるのでしょうか。

よく考えてみれば「そんな夢のような環境はない」とわかりますよね。

でも、完璧さを求めてしまうのはなぜでしょう？

もしかしたら、子どものころから塾通いで忙しく、遊びやスポーツも「習い事」としてやってきたことが関係しているのかもしれませんね。

すべてがお膳立てされたパーフェクトな環境を当たり前だと思ってきたので、社会に出て不完全な上司や会社に腹が立つのかもしれません。

でも、ちょっと足りないものがあるからこそ、自分の思いがお客さまに届いたとき、人の優しさや好意に触れたとき、心から相手に感謝することができるのです。

私自身も、起業時は「ちょっと足りない」どころではなく、お金もコネも何もない状態からのスタートでしたが、いま振り返ると「すべてに感謝」という気持ちでいっぱいです。

不動産屋さんで「女が社長の、それも横文字のおかしな会社に部屋は貸せない」と門前払いされたことも、営業先で「これは前の会社の看板で取れた仕事だろう。いまの実績を持ってこい」と言われたことすら、いまは感謝です。

なぜなら**「こういう人間には絶対ならないようにしよう！」と反面教師にしながら、踏ん張ることができた**のですから。

第1章の冒頭でご紹介した、ベンツのディーラーに転職した女性のことを覚えているかと思いますが、彼女は、それまで安定したB to Bのルート営業でした。

それが、生き馬の目を抜くような猛者が集うB to C営業の世界に飛び込んだのです。

そんな彼女が言っていました。

「前職では『安定しすぎていてつまらない』など、いろいろ不満がありましたが、会社の看板に守られていたんだなって。いまはゼロからお客さまと関係をつくっていかなくてはいけないので、断られることも多いぶん、お客さまが話を聞いてくださるだけでも感謝の気持ちでいっぱいになります。大変ですがやりがいも大きいですね。それまでは、人が嫌いで感謝する気持ちなんか、正直これっぽっちもなかったんです（笑）」

他人や環境に不満を覚えるのは、じつは満たされていることの証拠かもしれません。

満たされているからこそ、足りないところに目が行くのです。

足りないものに対して不満を持つのではなく、それを自分が前進していくエネルギーに変えてしまいましょう。

前向きな営業さんほど「あなたから買いたい」と言われる

数字に追われて「今月、どうしよう」と焦ったり、「このまま契約が取れない日々がいつまで続くのか」と不安になったり。いくら情熱をもって動いても流れがこないときもあるのが、営業という仕事です。

でも、当たり前のことを丁寧に、心を込めてやる。

見返りを求めず、お客さまの笑顔のために動く。

そんなふうに損得抜きで行動することを、私は「宇宙の銀行に貯金をしているんだ」と考えています。

これまでいろんな方に助けられた経験をお話ししてきましたが、それはこうした貯金が「ここぞ」という絶妙なタイミングで降りてきてくれたからです。

降りてこないのは、まだ機が熟していないのです。

では、降りてきてくれるまでの焦りや不安は、どう乗り切ればいいのでしょうか？

それは、結果が出ない不安な状態を必要以上に恐れすぎないことです。不安は恐れるものではありません。

向き合って、利用していくものなのです。

不安は不安を呼びます。

お客さまに断られることが続くと、「どうせ自分はダメなんだ。あのときもそうだった」「同期と比べて全然うまくいかない」などと、自分のダメなところばかりに目が向いて、余計に不安になってしまうものです。

そもそも**人間には、ポジティブな情報よりも、ネガティブな情報に引きずられやすいという性質がある**そうです。

新しいものを警戒し、危険を避けることで生き残ってきた人類の知恵が、21世紀のいまも「不安」という形で色濃く残っているのです。しかも、こうしたネガティブな心の状態や言動は、他人に伝染しやすいと言います。

だから、不安を抱えたまま営業をしていると、ちょっとしたことで「今日もダメだった。どうしよう」といっそう不安が募るばかりか、お客さまにまで「この営業さん、ちょっと自信なさそう。信用できないかも」と不安が伝わり、余計に結果が出なくなる、という負のサイクルにはまり込んでしまいます。

そんなときは、こう考えてみませんか？

「自分は、いま不安なんだな。でも、そういうこともあるさ。いつもいつもうまくいくわけじゃない」

「自分がやっていることは間違いじゃない。いまは実が熟して降りてくるのを呼び込んでいる途中段階だ。だから、落ち込む必要はない。いつもどおりやっていこう」

こんなふうに、不安な自分を認め、きちんと向き合ってみる。そのほうが、むしろ前向きな気持ちになれます。**放っておいても不安なことが頭に浮かんできてしまうのですから、正面から向き合ってとことん利用してやればいいのです。**

「どうしよう……」と悩んでいるくらいなら、不安になるパワーを「言ってみる、行ってみる、やってみる」に転換していきましょう。

「病院よりも美容院」の情熱で心身ともに健康に

ノースリーブか半袖に素足。これが私のいつものスタイルです。

「寒くないの？」としょっちゅう聞かれますが、風邪一つひいたことがありません。真冬だからと靴下を履いても、すぐ暑くなって脱いでしまうので、面倒で履かなくなってしまったくらいです。

私の元気の源はいろいろありますが、美容院に行くこともその一つ。病院よりも美容院です。家には病院からもらった薬もサプリメントも体温計すらありません。

病院に行くよりも、美容院で髪をトリートメントでツヤツヤにしてもらう、キレイな色に染めてもらう、素敵にブローしてもらう。そのほうが、病院に行ったり、薬を飲んだりするよりも、よほど健康にいいと私は思っています。

手足のネイルも欠かしません。「それ、かわいいですね」と話のきっかけになりますし、何より美しい色がいつも目に入って気持ちが上がります。

私の場合、いちばんおしゃれがしたい思春期に、それどころではなかったので、遅すぎる青春時代を謳歌《おうか》しているのかもしれません。

父が戦死し、残された母が事業で失敗して、我が家の生計が立ち行かなかった時期に、私は家族と離れ、「家の手伝いをするなら、高校の授業料を出す」という条件で知り合いの家に預けられていました。

毎日、冷たい雑巾で掃除をしていたので、しもやけが全部崩れ、冬が終わっても手はいつも目も当てられない状態でした。いまだに痕《あと》が残っています。

ご飯もろくに食べられず、おばあさんの愛のない言葉に心が折れてしまったときは、トイレが私の避難場所でした。**仕事が終わってトイレに駆け込むと、こらえていた涙と苦しい気持ちがわっとあふれ出してきます。**

「どうして私だけ、どうしてこんなに辛いこと言われなくてはいけないの」

「お母ちゃん、会いたい、迎えに来て」

「貧乏でも家族と暮らしたかった」

「ここに私の居場所はない」

「もうどうすればいいの、お父ちゃん、天国から連れに来てよ」

いつものように泣いていると、どこからか声が聞こえてきました。

「ファ～イ、ファ～イト」

え、お父ちゃん？　鳥の鳴き声が、父の声に聞こえたのです。

ハッとして顔を上げると、「ファ～イ、ファ～イト」と鳴く鳥たちが、真っ青な空に向かって一斉に飛び立っていくのが、トイレの小さな窓から見えました。

「私もあんなふうに飛びたい」

鳥たちの様子を眺めていると、不思議と元気がわいてくるのを感じました。

「毎日泣いて暮らしたくない。自由に生きたい。いま歯を食いしばってがんばれば、鳥のように飛べるはず」

そんなふうに考えると、「いまは将来空を飛ぶための準備期間」と考えられる心の余裕が生まれ、ワクワクしてきたのです。

つらい経験ではありましたが、飛び立つ鳥たちに感動する心があったおかげで、80歳目前のいまも「おしゃれをしたい」という情熱が続き、心も体も健康でいられます。

そう考えれば、悪いことばかりではありませんね。

スペシャルストーリー3

情熱が人を巻き込む力になる

「部門を越えたプロジェクトのまとめ役をやっているけれど、まわりが思うように動いてくれない」

「お客さまからの納期短縮の要望に応えたくて、現場の人にかけ合ったが、営業の意見がまるで通らない」

こんな悩みを若手の営業さんから聞くことがあります。

言うまでもなく、多くの人を巻き込めば巻き込むほどに、仕事の規模も、売り上げも、面白さも、やりがいも、すべてが格段にスケールアップします。

巻き込み力は、営業にとって大きな武器です。

よく企業研修などでも、巻き込み方のプロセスやポイントをケーススタディで学ぶ、といったことをしています。

もちろん、それも大切ですが、それ以前に**「情熱の有無が人を巻き込めるかどうかのポイント」**だと私は思っています。

「この商品の素晴らしさを、多くの人に知ってほしい」

そんな情熱が周囲を巻き込み、思わぬ広がりが生まれるケースを経験したことがあります。

始まりは、雑誌で見かけた素敵な瀬戸焼の広告でした。小さな広告でしたが、とても素敵な陶器だったのです。

そこで「広告を出す予算があるなら、ＰＲもしないかな」と販売会社に電話をかけたところ、社長に会えることになり、愛知県瀬戸市へと急ぎました。

社長はじっくり私の話を聞き、こう言いました。

「陶器のＰＲの重要性は理解していますし、たしかに必要なことです。それなら、いっそのこと、瀬戸焼全体をＰＲするほうがいいかもしれない。私どものような小さな会社ではなく、陶器の産地の自治体からＰＲ予算をもらってね」

せっかく遠くまで会いに来たのに、結局、仕事にならなかった。

普通なら、そんなふうに思って諦めてしまうのかもしれません。

でも、**私にとっては、ここからが始まり**でした。

この日は月曜でしたが、東京へととんぼ返りした私は、訪問する市役所や団体に当たりだけつけておき、水曜には再び瀬戸にやって来ました。

もちろん、どこにもアポイントは取れていません。市役所で挨拶を済ませて、次に瀬戸焼の業界団体を訪ねたところ、瀬戸物祭りを担当している役員の方が対応してくれました。

最初は「わざわざ東京から来たのだから、とりあえず話だけでも……」といった対応でしたが、**瀬戸焼にほれ込んだこと、だからこそ多くの人に知ってほしいということ、パブリシティの必要性や効果、手法などについて、自分の持っている力、熱量をすべて注ぎ込みながら説明**していきました。

私の思いが伝わったのか、役員は決定権のある組合の会頭と理事長を呼んでくれ、明日の理事会の議題に乗せようというところまで話が進んだのです。

その日は、市の方に紹介していただいた民宿で「明日は、こう言おう。こう聞かれたらどう答えようか」などとシミュレーションをしながら眠りにつきました。

朝のＮＨＫニュースで取り上げられるまでに！

翌日、理事会に参加した私は、前日同様、自分の瀬戸焼への思いとＰＲの重要性を丁寧に語っていきました。

するとタイミングよく、10日後に池袋でおこなわれる瀬戸物祭りの予算が、50万円ほど余っているというのです。それを使って、より瀬戸物祭りを盛り上げるＰＲをしようと、50万円の仕事を受注することができました。

私は、すぐさま東京に戻り、一人でも多くの来場者を動員しようと、瀬戸物祭りのパンフレットを手にテレビ局を回りました。

自治体の取り組みや、瀬戸焼の魅力を紹介してもらおうとするだけでなく、ニュース番組の背景に、瀬戸焼の作品を並べてもらえないかといったアイデアも提案し、多くのメディアで取り上げてもらうことができたのです。

とくに、取り上げてもらうのが難しいといわれる朝のNHKニュースで、祭りの様子が放送されたことが大きかったです。来場者も売り上げも、予想をはるかに超える結果を残すことができました。

「損得抜き」の情熱だからこそ、人が動く、集まる

イベント終了後、瀬戸物の梱包や搬送を手伝っていたところ、「東京の人は冷たいと思っていたけど、次ちゃん（私のことです）は優しいね」と言ってくださる方もいました。

「50万円の仕事で、そこまでする必要があるの？」と思う人もいるかもしれません。でも、**仕事が欲しくて、褒められたくて、やったわけではない**のです。

当時の私にとって50万円は大きな額でしたし、何より広告を見かけてから2週間足らずで、ここまでできたことに対するうれしさや感謝の気持ちが大きく、自然に体が動いていました。

この成功が評価され、瀬戸市の産業をPRする年間契約へと結びつきました。

「この瀬戸焼の魅力を知ってほしい」
「より多くの人に実際に触れてほしい」

そんな情熱が、瀬戸焼の業界団体や市役所、テレビ局、そして来場者を巻き込み、多くの方を笑顔にすることができたのです。

私にもできたのですから、あなたにもきっとできます。

「これを成し遂げたい！」という情熱は、自分の要望をごり押しすることに使うべきではありません。

情熱は、損得抜きで自分が率先して汗をかき、みんながワクワクできて自然に前のめりになれることに用いるべきです。

プロジェクトメンバーを、自分の論理だけで動かそうとしていませんか？

現場にだけ、しわ寄せがいく提案になっていませんか？

周囲を巻き込めないときは、見返りを求めない熱意と工夫。それが欠けていないか考えてみてください。

第4章

知識や経験を超える「愛情」を持とう

得ることより与えることに鍵がある

本書の中でもいくつかご紹介していますが、私は「言葉の力」を信じています。好きな言葉、いいなと思った言葉があったら、どんどん使ってみてください。

私が好きで、よくご紹介する言葉の中に**「言葉に消しゴムは効かない」**があります。言葉は人をひどく傷つけることもあれば、人を救えることもある。口から出た言葉は取り消せない。だから使い方に気をつけよう、という意味です。

これは、「話し方が上手になれば営業に役立つ」と通っていた話し方教室の先生から教わり、「本当にそのとおりだ。これを心に留めて生きていこう」と思ったのがきっかけでした。

また、女子マラソンの有森裕子さんが、１９９６年のアトランタ五輪で銅メダルを獲ったとき**「初めて自分で自分を褒めたいと思います」**という言葉が話題となりました。

これは、彼女が補欠として参加した都道府県対抗女子駅伝の開会式で聞いた言葉だそうです。フォークシンガーの高石ともやさんが、選手への激励の言葉として詠《よ》んだ「ここに来た自分を、人に褒めてもらうんじゃなく、自分で褒めなさい」というのが印象に残っていて、それがゴール直後に言葉となってあふれ出てきたものだと言います。

冒頭の言葉は、38歳の若さで亡くなったプロウィンドサーファー・飯島夏樹の言葉です。

私は、この言葉に猛烈に心を揺さぶられ、おせっかい協会を起ち上げました。

彼は、スポーツマネジメントもしているサニーサイドアップの所属アスリートでした。いまでもヒデこと中田英寿や、ゾノこと前園真聖らと、ホームページにその名を連ねています。

彼の書いた小説『天国で君に逢えたら』（新潮社）はベストセラーになり、彼の生涯は「Life 天国で君に逢えたら」というタイトルで映画化されたので、ご記憶の方も多いかもしれません。

「ほかの会社とは全然違う、この会社の雰囲気が好きだ」と言ってくれていた彼が、がんを宣告されたのは35歳のときでした。冒頭の言葉は、亡くなる直前に、彼が心配する私に向けて、グアムから送ってくれた手紙の中の一節です。

がんを宣告されて、妻や4人の子どもたち、自分の母親のことを思うと心が暗くなったこと。ただ、早い遅いはあれど、死は誰にでも平等に訪れると思い立ったことなどが綴《つづ》られていました。その中に、次のような文章があったのです。

「これから何かをするに当たって、今後の私の日々に本当に意味があるのかと問いつつ歩める気がしています。得ることより与えることに、鍵があるような気がいたします」

しかも手紙には、綾小路きみまろさんのカセットテープが同封されていました。このときほど、衝撃を受けたことはありません。

死を前にした彼自身がいちばん大変なはずなのに、「僕の死を悲しまずに笑ってください」という思いやり。損得抜きで人に愛情を与え続ける。そんな彼の生きざまに背中を押され、「人のため世の中のために、思い切り尽くそう」と思い立ったのです。

がんばっているのに結果が出ない、お客さまが振り向いてくれない、契約数が伸びない。そんなときほど、自分が得ることばかりに躍起になっていないか考えてみませんか？

愛情もお金もモノも、欲しがるばかりではなく与えてみる。

いまの状況を嘆くのではなく、つれないお客さまにお菓子の一つでもおすそ分けしたら、思わぬ笑顔が見られるかもしれません。

信用は、あなたの「のれん」

のれんとは、企業や人が持っているブランド力や人材、人と人とのつながり、技術力など、目に見えない資産のことです。

同じバッグでも、みんなが高級ブランド品を持ちたがるのは、持つことで豊かな気持ちになれる、自信を持たせてくれるなど、単なる「もの」以上の価値を与えてくれるからですよね。

では、営業としてどんなのれんを掲げるべきか？

それは「信用」というのれんだと私は思います。

「この人にお願いすれば、なんとかしてくれる」
「この人に任せれば、もう大丈夫」
「この人になら、自分の大切な人を紹介しても安心だ」

そんなふうにお客さまが期待してくれるのは、その営業さんを信用しているからです。

信用とは、相手の言葉や行動を「確かなものだ」と信じ、受け入れることを言います。

自分の前ではペコペコしていた営業さんが、ビルの守衛さんに横柄な態度を取っているのを見てしまったら、あなたは大切な家族や友人に「この人に任せておけば大丈夫だから」と、自信をもって紹介できるでしょうか？　できないですよね。

あなたが、信用をのれんにすることができれば、営業はもちろん、どんな仕事に就いても困ることはありません。自分から売り込まなくても、どんどん物が売れて、人の紹介でご縁がつながっていきます。

信用は、小さな積み重ねでしか生まれません。人として、営業として、信用をのれんにしたいと思うのであれば、お客さまに対してだけでなく、あらゆる人に対して次のようなことから一つひとつきちんと積み上げていきましょう。

・PC画面やスマホを見ながら受け答えをしていないか
・相手の目を見て、しっかりうなずきながら話しているか
・相手によって態度を変えていないか
・形式的ではなく、きちんと相手に伝わる謝り方をしているか
・相手の気配りや思いやりに気づき、言葉で感謝を伝えているか
・人前でため息をついていないか

・無神経な言い方をしていないか

ささいな行為一つでも、届けるべき相手がいて、どんな相手にも心があります。

心を込めて行動することが、相手の心を動かし、反応を変えていくのです。

それが積み重なったとき、いつの間にかあなたに信用という名ののれんが与えられているはずです。

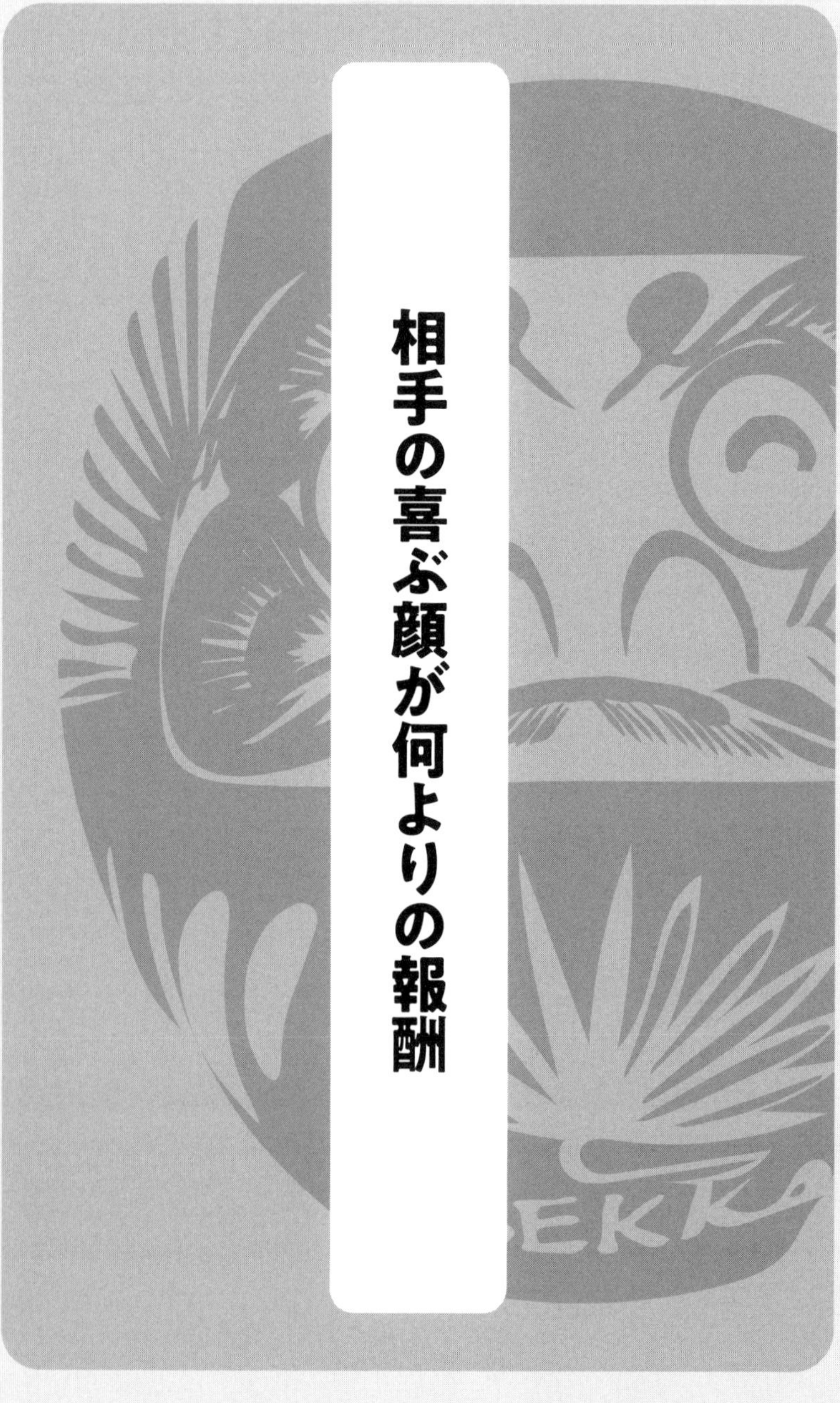

相手の喜ぶ顔が何よりの報酬

サニーサイドアップの現場を長女に任せることを決めて時間ができた際、私は「これからは中国だ！」と思って中国語を勉強し始め、縁あって香港や上海で暮らしたことがありました。

そこで知ったのが、**中国では新規の取引や商談を進めるときに、まず食事に誘うということ**でした。相手が信用できる人物かを見極め、個人的な関係を築いていくところからビジネスが始まるのです。

つまり、契約を期待した接待というよりは、純粋に相手と関係を構築していくための場を設けるのですね。

これを聞いたとき、私は驚きました。「あ、私と同じだ」と思ったからです。日本では逆のパターンですよね。まず仕事をしてみて気が合ったら、ゴルフや食事に行くようになり、仲が深まっていくことが多いように思います。

私は自分が飛び込み営業の大変さを知っているので、家に来た営業さんや宅配便の人たちにお茶を淹れたり、ときには食事をごちそうしたりすることもありました。

お客さまを紹介したこともあれば、自分の会社にスカウトしたこともあります。

人から見れば「何の得があるの？」「何が狙いなの？」という不思議な行動にも思えるようです。でも、私は本当に何が欲しいわけでもなく、相手の喜んでくれる顔が見たいだけなのです。

それが、私にとって何よりのご褒美、報酬になっています。

考えてみれば、私の母もそうでした。

電気技師をしていた私の父は、30歳の若さで戦死しました。残された母は、当時26歳。戦争未亡人のシングルマザーとして、子ども3人を抱えて生きていくことになったのです。

終戦後は、鹿児島で病院や学校向けにパンを製造する工場を経営して軌道に乗るも、超大型の台風で工場が大損害を被り、東京で再起を図ろうと上京しました。

借家の一室でスタートした東京での暮らしは苦しいものでした。母は起ち上げた商事会社で不渡りを出し、私たち姉妹は離れ離れに暮らしたこともありました。そんな貧しさの中でも、東京の大学に入学し、友だちを連れて遊びにくる地方の甥っ子たちに、母はいつもご飯を食べさせていたのです。

それこそ、いまの価値観だと「何の得があるの？」という振る舞いかもしれません。

その日の食事にすら事欠く状況でしたから、断っても誰も責めなかったと思います。

ただ、母から直接聞いたわけではありませんが、田舎を離れて心細さを抱えた若い彼らが、笑顔でご飯を頬張る姿から、パワーをもらっていたのかもしれません。

その大学生が、いまは九州で会社を起ち上げ、成功しています。事あるごとに「あなたのお母さんにはお世話になったからな」と、よくしてくださいます。孫を連れて九州に旅行した際には、別荘を車つきで貸してくださいました。


見返りを求めず、相手の笑顔のためにがんばる。


そうすると、巡り巡って仕事や人生にラッキーが訪れる。そのことにピンとこないという人は、こんなケースもあるのだと心の隅にとどめておいてください。

たしかに、母の行動は、直接的にその見返りを受け取ることはありませんでした。

でも、見返りを求めず行動したその先に、自分の子やその友だち、孫、ひ孫へと、うれしいつながりを届けることができています。

つまりは、そういうことなのです。

営業には「利他の心」と「深い理解」が大事

人やモノにすぐほれ込んでしまう私ですが、本音を言えば保険の営業は人から頼まれて始めたものですし、お客さまと話をしていて「そうかな？　私とは違うけど」と思うこともありました。

お客さまに心から共感できたり、商品を好きになったりすることができたら、それは最高のこと、でも、そんな恵まれた状況ばかりではないですよね。

それを乗り越えるには、大きく二つの方法があります。この項では、その一つめをご紹介します。

①「利他の心」と「深い理解」で違いを受け入れる

そもそも営業は、商品やお客さまを好きになるのがゴールではありません。ゴールは、商品やサービスを通してお客さまを幸せにすることではないでしょうか。

そのために、営業として何ができるのか。そう考えるクセが身につくと、たとえ自分とは意見や好みが違っても、ストレスを感じることはなくなります。

「ああ、自分とは違うけど、このお客さまはこうなんだ」と、すんなり〝違い〟を受け入れることができるようになるのです。

ある自動車ディーラーの女性からも、このような話を聞きました。

彼女はどちらかというと、直感で動くタイプ。エクセルで欲しい車種をリストアップし、点数表を作成しているようなマニアックなお客さまのことを、「なんでそんな細かいことにこだわるの？」と、苦手意識を持っていました。

でも、あるとき「やってみる」の精神で自我を殺し(笑)**、マニアックなお客さんの要求に一つひとつ応えていったところ、みごと成約につながったそうです。**

「途中まで、面倒くさい、うんざりするといった気持ちは正直ありました。果てしなく続く質問が、いつになったら終わるのかもわからなかったので、もはや売り上げどうこうより、修行だと自分に言い聞かせていたんです」

それが、「お客さまの要求に応える喜び」が「面倒くささ」を上回った瞬間から、変わっていったといいます。

「毎日のように飛んでくる質問に答えていくうちに、いつもじゃないですけど、お客さまが『これ、ずっと知りたかったんだよね』『大変だったでしょ。ありがとう』と喜んでくださることがうれしくなってきたんです。そのとき『ああ、恵さんが言ってた〝利他の心〟ってこれなんだ』と、初めて腑に落ちました。私も、つい目先の数字に追われがちなのですが、そういうときこそ、売り上げという見返りを求めず、『お客さまが知りたいんだから、それに応えよう！』と尽くしていくことが、結果的に売り上げにつながる。そんな不思議なことが本当に起きるんだということがわかったんです」

これ以後、彼女に「苦手なお客さん」は、いなくなったそうです。また、面倒だと感じていたお客さまに接してみて、見えてきたことがあったと彼女は言います。

「そのお客さまが、心から車が好きなんだということが、本当によくわかりました。私は車を売ってはいますが、車＝足でしょ、というタイプ。そのぶん、『こんなに車が好きなんてすごいな』と尊敬の念がわいてきたんです」

苦手なお客さまがいたら、どうか逃げずに向き合ってみてください。お客さまが「なぜそこにこだわるのか」「どうしてそう考えるのか」「なぜそういう行動をとるのか」がわかってきます。

つまり、お客さまを深く理解できれば「そうか、なるほどね。お客さまはそう思うんだ」と、自分との違いを受け入れることができるようになります。

「感動のスイッチ」を入れて モチベーションアップ

前項に続いて、お客さまに共感できなかったり、商品を好きになれなかったりした場合に、その難題を乗り越える方法をもう一つご紹介しましょう。

②自分なりのモチベーションアップ法を探す

自分から望んではいない保険を売るとき、私がどう考えたか。

「主婦のお手本探しをしよう」と思い立ちました。

当時の私は結婚したばかり。保険営業は「甘い顔を見せると加入させられる」と警戒心を持つ人が多いので、断られるのが当たり前なのです。

だから、いちいち傷つくのではなく、せっかくいろんなお宅を訪問できるチャンスなのですから、それを生かそうと考えました。

「突然訪問したのに、玄関に感じよくお花が飾ってある。いつもこうしているんだろうな。見習いたいな」

「キレイに靴が揃えられていると、外から入ってきたとき気持ちよく感じるんだな。自分の家でも、靴だけは揃えるようにしておこう」

こんな視点を持つと、１軒１軒インターホンを鳴らして回るのも苦ではなくなっていきました。「次はどんなお宅かな？」と、かえってやる気がわいてきたものです。

自分好みではない商品を扱うときに、「とにかく売ること」「断られないこと」をモチベーションにすると、思うような結果が出ないときに「だから、こんなモノを売るのはイヤなんだ」「断られるに決まってる」とストレスを抱え込むことになってしまいます。

思うに任せない状況だって、モチベーションの置きどころ次第で、グッと楽しいものになるのです。無理だと思わず、自分が楽しくなるモチベーションアップ法を探す。そしてやってみる。とにかく行動してみましょう。

若い人から「営業が楽しくない」「仕事に情熱を持てない」と相談されることがあります。でも、楽しみや情熱を傾けられるものは、ただ待っているだけ、「受け身」の姿勢では見つかりません。自ら探し求め、自分で見つけていくものです。

テレビを観ているとき、ぼんやり景色を眺めているとき、お客さまに断られ続けて苦境に陥っているとき、職場で失敗して落ち込んでいるとき……。どんなときも、何かちょっとしたことで心を躍らせたり、苦境の中にも楽しみやチャンスを見出したりと、能動的にキャッチしていくことでしか、面白いことは手に入らないのです。

よく「テレビが最近つまらない」「いい映画がなくなった」などという人がいますが、それは自分の感度が鈍っているからです。

「最近、どの番組でもこの芸人さんばっかり出てる。マンネリ。つまらない……」と評論家のように思うだけなのと、「これだけ番組に出るのはすごいな！　何かワケがあるはずだ。よほどスタッフ受けがいいのか、ギャラが安いのか、本人の希望なのか、事務所の推しなのか、どれだろう」と思考を深めるのとでは、まったく違いますよね。

営業として、そして人として幸せな人生を歩みたいなら、つねに「感動スイッチ」をオンにしておきましょう。

ヒントはあなたのすぐそばに隠れています。

ビジネスは「人を通して」でしか成立しない

私のように、初対面なのに自宅へ呼んで食事をふるまったり、「結婚してるの？」などとプライベートを根掘り葉掘り聞いて勝手にお見合いをセッティングしたりすると、日本では変わり者扱いされてしまいます。

友だちにも自分がいいと思った商品をどんどんすすめてしまうので、「友だち関係なくすよ」という忠告もよく受けていました。

ただ一つ言えるのは、私はお客さまが友だちであっても、見知らぬ人でも、大きい企業の社長さんでも、小さい会社の若手担当者でも、「こいつは金になるな」「利用できるかもしれない」「この会社の社長ならつき合っておいて損はない」という損得で人を見ながら営業をしたことはありません。

目の前のお客さまにしっかり向き合い、喜んでくれるように尽くす。それが、ビジネスを通して人があるのではない、人を通してビジネスがあるのだということです。

それを実感した出来事が、サニーサイドアップを創業したころにありました。

第1章で「千年でも万年でも待ちます」と言って、PRとは関係のないパソコンの仕事をいただいたという話をしましたが、あれにはうれしい後日談があります。

パソコンがまったくできなかった私は、その仕事を受けるために、人を雇いました。彼のおかげで、創業したての小さな会社が、一部上場の大きなクライアントの要求にきちんと応えることができたのです。

しかし、あるとき、彼に「辞めます」「独立します」と言われてしまいました。彼は当然、独立しても自分に仕事が入ってくると考えていたのだと思います。

ところが、クライアントは「この仕事は高橋恵が、がんばって、がんばって、うちから取った仕事だから」と言ってくれたのです。

このときほどうれしかったことはありません。クライアントから見れば、直接仕事をしていたのは彼でしたから、本当は彼の会社に乗り換えても困ることはなかったと思います。

でも、ビジネスというのは、ゼロからイチを生み出すところに難しさがあります。

まずは、本業以外の仕事でも、クライアントに求められたことに応えてみよう。自分のこだわりよりも、お客さまの期待に応えることに全力を尽くそう。

そんな思いで、苦しみながらゼロをイチにした努力が、しっかりクライアントに伝わっていたのがうれしくて、私はその場で心の底からあふれた涙が、とめどもなく流れてきました。

人を通してビジネスをしようとお話しすると、「きれいごとだ」「霞を食って生きていくつもりなのか」と言われることもあります。でも、**ビジネスといえど、人と人とのつながりが土台になるという点では、家族や友だち同士の関係と同じ**です。

仮に、クライアントから「申し訳ないが、どうしても契約を打ち切りたい」と言われたら、相手がそれで苦境を乗り切れるのであれば、首を縦に振る勇気も必要です。友だちが困っていたら、自分は多少、痛手を負ってもいいと思えますよね。

損得だけで人を見ながら仕事をするということは、自分も相手から損得でジャッジされてしまうということです。

お客さまとちょっとやそっとのことでは崩れない、強いつながりをつくりたいと思うなら、まずは自分からお客さまを自分や家族と同じように大切に、真心を込めて丁寧に接しましょう。

そして、信頼関係という舞台の上で、ビジネスを展開していきましょう。

「外見で人を判断しない」だけで お客さまが増える

先日、こんなニュースを目にしました。

ある女性タレントさんが、ハワイのハイブランド店に短パン、サンダル姿で入店したところ、店員さんに鼻で笑うような態度を取られ、声もかけてこなかったそうです。

その態度に腹を立てた彼女は「いちばん高いダイヤモンド持ってきて」と言って、即買いしました。すると、店員の態度は急変。紅茶などが出されておもてなしを受けたものの、怒りが収まらず、飲み物には一切手をつけなかったと言います。

この店員さんは、見た目で「買わないお客だ」と決めつけ、本来なら上得意になってくれる可能性があるお客さまを一人失ってしまったのです。


ここまで極端でなくても、つい外見や上っ面の情報だけで、お客さまを判断してしまっている営業が少なくありません。

お客さまを先入観で見ないことの大切さがよくわかるのが、私のところによくやってくる、ハウスメーカーで新築一戸建ての営業をしている20代の男性のケースです。彼は事務職をしていたものの、もっと稼げる仕事に就きたいと、営業職に転職しました。

入社間もなかったころ、彼は住宅展示場でキョロキョロしている20代前半の若いご夫婦を見かけました。

住宅展示場には「ちょっと見に来ただけ」というお客さまも多く、とくに年齢が若いとその可能性が高いため、営業さんはあまり積極的に声をかけないそうです。

でも、彼は「お客さまを見た目で判断しない。言ってみる、行ってみる、やってみるだよ」と私に言われていたこともあり、声をかけてアンケートに記入してもらいました。

案の定、住宅ローンを組むには厳しい年収額だったと言います。

それでも彼は「これもご縁だから」と、話だけでも聞いてみることにしたのです。

すると、「やっとまともに相手にしてもらえました」とお二人が口々に言うのです。どこのハウスメーカーに行っても適当にあしらわれ、アンケートを見るなり、露骨に冷たくなる営業さんもいたとのこと。

たしかに、年収額を見ると難しそうではありましたが、彼は入社したてで住宅ローンなどの知識も少なかったため、その場でお客さまの質問に即答できませんでした。

そこで「申し訳ございません、時間をください！」と言って、先輩に聞いたり、自分であちこち電話をかけて調べたりして、一つひとつ解決していきました。

話が進むにつれて、その若いご夫婦は一人っ子同士の結婚で、お互いのご両親、祖父母から資金面で手厚いサポートが受けられる状況だということがわかってきました。

彼も初めて担当するお客さまだったため、ミスも少なくなかったのですが、お客さまから「○○さんを信頼しているから」と、すべてを任せてくれたそうです。

こうしてこのご夫婦が、彼のお客さま第１号になりました。

ちなみに、彼はこのあとも、どんなお客さまにも丁寧に接し、わずか４年で１００棟の契約を取ることになるのですが、その後、この最初のお客さまを通じてもう一度契約を取ることになります。

詳しくは次項に譲りますが、**すべては「お客さまを見た目で判断しない」ことから始まったこと**です。誰にでもできることなのですから、明日からと言わず今日からさっそく実践していきましょう。

人脈よりも、ご縁こそが人生において最大の財産

いまは、仕事にも恋愛にもご利益があるとして、縁結びの神社が大人気ですね。たしかに、ときには神頼みもいいですが、普段から身近なご縁をつかむアンテナを張りめぐらせ、心を込めて大切にしていけば、ご縁はどんどんつながっていきます。**よいご縁はよいご縁を呼び、思いがけずにあなたを喜ばせたり、助けたりしてくれるのです。**

前項で紹介したハウスメーカーの営業さんも、誠実な対応で、まさに一生もののご縁を手に入れた一人です。

彼が初めて契約を取ってから時は流れ、４年の月日が経ちました。ついに１００棟目の契約が取れたとき、彼が思い出したのが初めて担当したお客さまでした。

たいていの人にとって、家は一生に一度の買い物ですから、新たな契約につながる可能性はほとんどありません。

でも、彼は感謝の気持ちを込めて「お二人から始まった私の営業マン人生。私もとうとう家を１００棟以上売った営業マンになりました」という手紙を送ったのです。

すると、ちょうどご主人のご実家がリフォームか建て替えかで迷っているとのこと。家を見に行ったところ、傷みも少なくまだまだ住めそうな状態でした。

彼は正直に「基礎や耐震性は専門家に診てもらわなければ確実なことは言えませんが、この状態ならリフォームでもよさそうですね」と伝えましたが、「え？　自分の売り上げにならないリフォームをすすめるの？」と驚かれてしまったそうです。

「そういう信頼できる人に任せたい」と、最終的に再び契約に結びついたと言います。

ハウスメーカーの営業さんは、紹介が仕事につながるケースも多いため、年賀状での挨拶は欠かさないそうです。もし、彼が「まあ、年賀状でいいか」で済ませていたら、こうした流れは生まれなかったかもしれません。

わざわざ人脈づくりに励まなくても、身近なところによいご縁は眠っています。お世話になった人、感謝を伝えるべき人へのご挨拶が、あと回しになったままになっていないでしょうか。せっかくのご縁を粗末に扱っていないか、振り返ってみてください。

ご縁を結ぶコツの一つに、スピードがあげられます。

初の拙著『幸せを呼ぶ「おせっかい」のススメ』（PHP研究所）を出版したときの話です。書評メールマガジン「ビジネスブックマラソン（BBM）」で著名な出版コンサルタントの土井英司さんが、この本の書評を書いてくださったことがありました。

うれしくなった私は、いつものようにすぐにお礼状を書きました。

急いで投函しようとポストの前まで行ったのですが、そこでふと**「30分早く着いてほしい」**と思い直しました。普通に出すよりも、もっと早く。そう思った私は、家に引き返し、速達のスタンプを押して切手を貼り足し、再びポストに急ぎました。

やがて、土井さんからお返事が届きました。読んでみると「手紙のレスポンスが早く、手紙の中に凄みを感じた」とありました。

速達で届いたので、何事かと目を引いたのかもしれません。


やはり、人の熱意や気持ちは、早く届けるほどに伝わりやすいのですね。

それをきっかけに、「いい本だから」ともう一度紹介していただき、イベントにパネラーとしてご一緒させてもらいました。

何も伝わらなければ、そもそもご縁には至りません。

お客さまから好意を受けたとき、いつも以上に感謝の気持ちを伝えたいとき……ここぞという場面では、即レスの一歩先を行くレスポンスが、クライアントにあなたの本気度を伝える武器になってくれるのです。

人生の指針は「天知る、地知る、我知る」

これまで何度か「誰も見ていなくとも、営業の神さまが見てくれている」と言ってきましたが、これは私が母から言われ続けてきた言葉がもとになっています。

私たち三姉妹がまだ子どもだったころ、近所の子が「お菓子をあげる」と言ってきました。当時は滅多に口にできないお菓子。しかも、お腹を空かせているときだったので「えっ、本当にいいの？」と、ありがたくいただくことにしました。

ところが、大変だったのはその後です。全部食べ終わってから、そのお菓子は近所の駄菓子屋で万引きしてきたものだということがわかりました。

家に帰ると、なぜか母が鬼の形相です。どこからかそのことを聞きつけて、すでに知っていたのです。普段から、礼儀作法や人としてのマナーには人一倍うるさい母でしたから、タダですむはずがありません。

私たち3人は1列に並べられ、右手でパン、パン、パンと頬をぶたれていきました。次に左手で「これはお父ちゃんの分」と、反対側の頬をパン、パン、パンとぶたれました。軽くではありません。体がぐらつくくらい強烈なビンタです。

それからはお説教の始まりです。

「どんなに貧乏になっても心まで貧乏になってはいけない」と、さまざまな言葉で言い聞かせられました。

その最後に、姉へ「天知る、天が見ている」、私へ「地知る、大地が見ている」、妹へ「我知る、自分がいちばん知っている」と、一人ずつ指を指し、「このことはよく覚えていなさい」と言われました。

あとで調べてみたところ「天知る、地知る、我知る」は、中国の後漢前期にいた政治家・楊震《ようしん》が、当時横行していた賄賂《わいろ》を断る際に述べた言葉だそうです。

私が「誰にでも愛情をもって接する」「人によって態度を変えたりしない」「困っている人がいれば助ける」を心がけているのも、母の**「見て見ぬふりをすると、天が地が、そして自分が知っている」**という言葉がいつも胸にあるからです。

だから「一歩を踏み出せない」「やってみたいけど、できるかどうかわからない」と悩んだり、困ったりしている営業さんや若い人がいると、背中を押してあげたくなってしまいます。

でも、残念ながら私があげられるのはお金やモノではなく、行動のきっかけです。

たとえば、**自信がないという人に、私がいつも提案するのは「自分で人を集めてごらん」ということ**です。

ホームパーティーでもいいですし、何かイベントを企画してもいい。何なら私のところに遊びにくるときでもいいのです。

「〇〇があるんだけど、来てみない？」と自分から人に呼びかけてみる。「断られたらどうしよう」「急にどうしたって思われそう」という不安を乗り越えて行動することで、たとえ集まったのが何人でも「やってみるものだな」と自信がつきます。

さあ、あなたはついつい見て見ぬふりをしていませんか？

もし、ふとしたときに「天知る、地知る、我知る」を思い出し、あなたが行動してくれたら、こんなにうれしいことはありません。

スペシャルストーリー4

見知らぬ営業さんに見せる顔が、あなたの本当の顔

「彼がお店の店員さんに威張るのがイヤなんです」
「それって最低だよね」
「コンビニで商品や小銭を投げるように置く人もイヤ」

そんな話題がネット界隈で盛り上がっているのを目にしました。これらの意見に、私も激しく同意します。

でも、一人でお店に入ったときにも、恋人や友だち、家族と一緒のときと同じ対応を店員さんにしていますか？

あるいは、家に一人でいるとき家のチャイムが鳴って、インターホン越しに見たことのない顔が映っていたら、あなたはどうしますか？

まわりに誰の目もなく、二度と会うことのない店員さんや営業さんが相手だと、料理を運んでもらったのに無言で食べ始めたり、「営業でしょ？　いりません」と、ぞんざいな口調で断ったりしてはいないでしょうか。

もしそうなら、お店の店員さんに威張る彼と、あなたは同類ということです。

見知らぬ営業さんに見せる顔が、あなたの真実の顔なのです。

私は、それを訪問販売の仕事を通して学びました。

「タッパーウェア」の訪問販売でわかったこと

第2章で「タッパーウェア」にハマってしまった話をしましたが、当時の私は広告代理店を結婚退職して主婦をしていました。

ところが、勤めていた広告代理店のアメリカ人重役が「人にすすめているぐらいなら、商品を正式に取り扱って自分でビジネスにしてみたらどうか」と、私をタッパーウェアの日本支社にいる知り合いの方を紹介してくれたのです。

そうは言っても、私は単に好きで人にすすめていただけで、まさかビジネスにしようとは考えていなかったので、ちょっと及び腰でした。そのうちにどんどん話が進んでしまったのです。

でも、やると決めたらとことんやるのが私です。家事に支障のない時間帯に、回る件数や売り上げの目標を決めていきました。

ただし、「タッパーウェア」を買うのは主に主婦の方たちですから、BtoBビジネスの広告代理店時代の人脈は一切使えません。

そこで、近所にあった官舎に狙いを定め、飛び込み営業を始めました。個人宅を回って1軒1軒にチャイムを鳴らして歩くのは、なかなかに勇気のいることでしたが、扉の向こうには、私の想像をはるかに超える興味深い世界が広がっていたのです。

応対してくれる主婦の方たちの対応は、それこそ千差万別でした。真剣に耳を傾けて興味津々の人、警戒心丸出しで、チェーンをしたまま半開きの扉のすき間から応対する人、感じよく長時間話し込んだのに結局断る人、値切ってくる人……。

大きな後ろ盾のない個人で営業をしてみると、それまでは気づかなかった人間の持つ本質が見えてきます。欲深さや執着心、冷酷さも、やさしさや温かさ、善良さも知ることができました。

表の顔と裏の顔を使い分けない人になろう

営業は、ぞんざいに扱われたり、無下に断られたりすることも多い仕事です。

しかし、私はそこでいちいち落ち込むことはありませんでした。

「自分が営業さんに接するときは、こんな言い方をしない人になろう」「こんなふうに思いやりを言葉と態度で示せる人って素敵だな。自分もやってみよう」と、次の行動に生かしていました。言ってみれば、飛び込み営業の現場は、私にとっては人間観察から学べる教室だったのです。

営業がつらい、もうやりたくないという人は、断られたときに「ああ、ひどい言い方で断られてしまった」と、正面から受け止めすぎているのかもしれません。

でも、そういう言い方をするのがその人の本性だったのですから、こちらがいくら考えても仕方ありません。

営業として結果を残し、人間としても幸せをつかみたい。

そう願っているなら、イヤな相手は反面教師にして、愛想のいい表の顔と、不愛想で無神経な裏の顔を使い分けるのを、いますぐやめることをおすすめします。

誰も見ていなくても、営業の神さまは必ず見ています。まずは、お店の人や初対面の営業さんに、元気よく挨拶することから一歩を踏み出してみてください。

第5章

人間力とは「おせっかい力」のこと

知識を増やすよりも人間力を鍛える

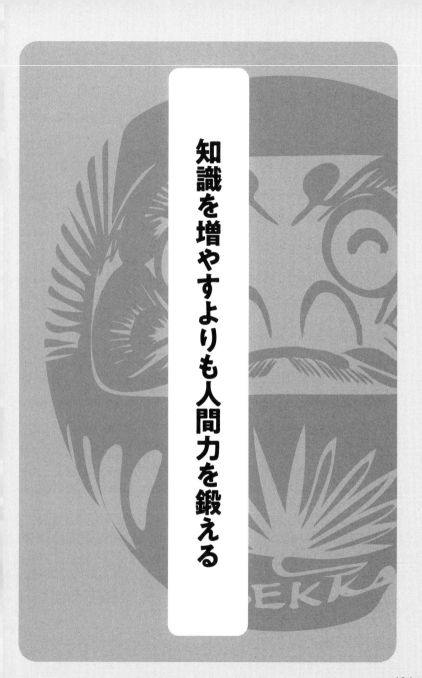

「この商品、絶対に欲しいってわけではないけれど、この営業さんなら買ってあげたい」と思うこともあれば、「この商品、気に入っているけれど、この営業さんからは買いたくない」と思うこともありますよね。

どんなに勉強ができて、知識が豊富であっても、ぶすっとしていたらモノは売れません。だから「営業は商品ではなく自分を売る仕事」と言われるのです。

自分を売るのに必要なもの。それは、お客さまの心を動かす人間力です。人間力が何かというのはさまざまな解釈がありますが、私は人間力＝おせっかい力のことだと考えています。

おせっかいとは、見返りを求めず、ただただ相手のためを思った親切な行動のことです。要は「人のために何かしてみよう」ということなのです。

当たり前のことですが、人のために何かしようと思ったら、人と関わらなければいけません。

おせっかいを焼く力は、いくら本やセミナーで勉強しても、実際に外に出て、お客さまと接することでしか身につかないのです。

企業や学校に呼ばれて話をすると、よく「恵さんがさっき講演でおっしゃっていたことは、心理学では〇〇っていうんですよ」「恵さんの営業スタイルは、マーケティングでいうと〇〇〇ですね」と、人から教えていただくことがあります。

私自身は、心理学もマーケティングも専門的に勉強したことはありません。「お客さまを喜ばせるにはどうすればいいのか」をいつも考え、おせっかいを焼いてきた結果、そうした理論で裏づけされた営業や経営に必須のスキルが、自ずと自分のものになっていたのです。

営業の現場で実際におせっかいを焼いてみると、同じことをしても、お客さまから叱られてしまうこともあれば、飛び上がらんばかりに喜んでくださることもありました。思ったより喜んでいただけなかったり、まるっきり無視されてしまったりすることもあります。

でも、そこで感じた喜び、悲しみ、落胆、感謝、愛情、不安といった、さまざまなリアルな感情は、私の一生の宝物になりました。

こうした多種多様な感情が自分の中にあるからこそ、人に親切にしたくなるし、イヤ

なことをされても相手を許すことができるようになるのです。

「この人から買いたい」「この人とまた会いたい」と思われる人間的な魅力は、勇気を出しておせっかいを焼くところから生まれる。

私は、そう信じています。

頼まれていないことをするのが、心に残る

「おせっかい」を類語辞典で引くと「口出し」「ちょっかい」「手出し」「干渉」といった、どちらかというとネガティブな言葉が並んでいます。

たしかに、おせっかいにはそういう面もあるでしょう。

でも、仕事でもプライベートでも、人から頼まれたことをやるのは当たり前。**頼まれていないことをやるからこそ、「えー、そんなことしてくれたの？　うれしい！」という感動が生まれ、お客さまの心に残るのです。**

たとえば、これまで何度か登場しているベンツディーラーに転職した女性。彼女が2台目の車を売ったのは、ライバルの高級外車ユーザーだった親子連れのお客さまだったそうです。

70代のお父様と、40代の娘さんでしたが、ずっと好きで乗っていたブランドで、3度目の買い替えだったにもかかわらず、担当の営業さんの説明不足で、商談がもの別れに終わってしまったとのこと。「それなら違う車も見てみよう」と彼女のいるお店を訪れたのです。

普通なら、ここぞとばかりに自社の車や自分を売り込みたくなるところですが、彼女は「お客さまのためになることって何だろう?」と考えました。

そこで、お客さまに頼まれたわけでもないのに、自社の車のメリットだけでなく、デメリットも包み隠さず伝えていったのです。聞かれたことに対しても知ったかぶりをせず、一つひとつ確実に答えていきました。

すると**「あなたは誠実だねぇ。デメリットまで言う営業さんなんて初めてだよ(笑)」**とお客さまの信頼を勝ち取り、成約に至ることができたそうです。

彼女は、そのときの気持ちを、こんなふうに言っていました。

「恵さんの言っていた『頼まれていないことをする』『お客さまが喜ぶことをする』というのが頭にあったんです。私自身も、ずっと愛用していたコスメから浮気するときは、浮気するコスメのいいところも悪いところも知りたいタイプなんですよ。買ってからイマイチなところが判明したら、『先に教えといてよ! やっぱりいつものにしておけばよかった』とひどく後悔するじゃないですか。もうそのコスメは二度と買いたくない。だから、そのお客さまにも、後悔してほしくないなと思ったんです。メリット、デメリットを比較してみて、やっぱり元のブランドがいいと思ってしまっても、それは仕方のないこと。本当のことを言わずに買っていただいても、あとが続かなければ、そこでご縁も切れてしまいますから」

頼まれていないことをするのが、心に残る。
お客さまの立場になって、気持ちを想像して、動いてみる。

その繰り返しから、素敵なつながりが生まれ、あなたの営業人生を輝かせてくれます。
目先の売り上げが欲しくなったときほど、そのことを思い出してください。

偶然のチャンスは意図的につくり出せる

偶然は、人と人との関わり合いの中から生まれます。家の中にじっと引きこもっている、人と会っていても必要最小限の会話しかしない、というのでは偶然は生まれようがありません。

・たまたま尋ねた出身地や年齢が一緒で意気投合した。
・なんとなく飛び込みで入ったお店のオーナーと話が合い、意気投合した。
・電車で私のスカートの裾を踏んだまま座ったご婦人に「すみません、スカートが……」と笑顔で話しかけたら、話が弾んで夕食をともにした。その後、紹介してもらった事業家の口添えで、思わぬ人脈を築くことができ、公私ともに仲のよい友人になれた。
・電車の中で一生懸命に仕事をしている保険外交員らしき人に「保険のお仕事ですか？私も保険の仕事をしていたことがあるんですけど……」と話しかけたのをきっかけに、名刺交換して、その方のお客さまを紹介してもらい、大きな仕事に発展した。

これらはすべて、私が実際に体験したことばかりです。**こうした偶然を引き寄せる原動力となっているもの。それは好奇心（&ちょっとしたおせっかい）です。**

「ちょっと出身を聞いてみようか」
「この人、どんな仕事をしているのだろう」
「いつもは飛び込み営業しないけど、感じのいいお店だから入ってみようか」
「いきなり話しかけたらおかしな人だと思われそうだけど、そのときはそのとき」

そんな**好奇心やチャレンジ精神を、忠実に行動に移していくことが、偶然のチャンスを呼び込む**のです。

「売りたい」「契約を取りたい」という気持ちも大切ですが、仕事のためにがんばって行動してつかみ取るというよりは、好奇心で動いた結果、偶然がつながっていく。それが、私に限らず、営業で結果を出す人たちの共通点です。

好奇心というガソリンで走り出した車に、いつの間にかたくさんの人が乗り合わせ、いろんなつながりが生まれていく。**一つひとつの偶然から生まれる人と人とのつながりを大切にしていると、営業の神さまが自ずと偶然という名のチャンスを与えてくれます。**

最近では「キャリアの8割が予期しない出来事や偶然によって決定される」という考え方が主流になっているそうです。だから、計画的に偶然の出会いや出来事を引き起こそうという「計画的偶発性理論」というものまであるのだとか。

これは、スタンフォード大学のクランボルツ氏が提唱している理論で、**「好奇心」「持続性」「楽観性」「柔軟性」「冒険心」が、よい偶然を引き寄せる5大要素**だと言います。どれも行動することへのハードルを下げるのに必要な要素ばかり。

「好奇心」があるから人と関わろうとするし、「持続性」「楽観性」があれば断られても粘り強く、前向きに取り組めます。「柔軟性」があれば自分のやり方に固執せず、お手本になる人を真似ることもできます。最後の「冒険心」は言うまでもなく、結果がどうなるかわからないけれど、とりあえずやってみようという、営業に必須の力です。

振り返ってみると、この5つを私自身も知らず知らずのうちに実践してきました。

つまり、偶然はたまたまではなく、好奇心や柔軟性さえあれば、意図的につくり出すことができるものなのですね。

「あの人はラッキーだから」「偶然に恵まれる人だから」と考えるのではなく、「偶然を引き寄せよう」と行動する。それが、営業の世界で自分なりのやり方やキャリアを確立していくことにつながっていくのです。

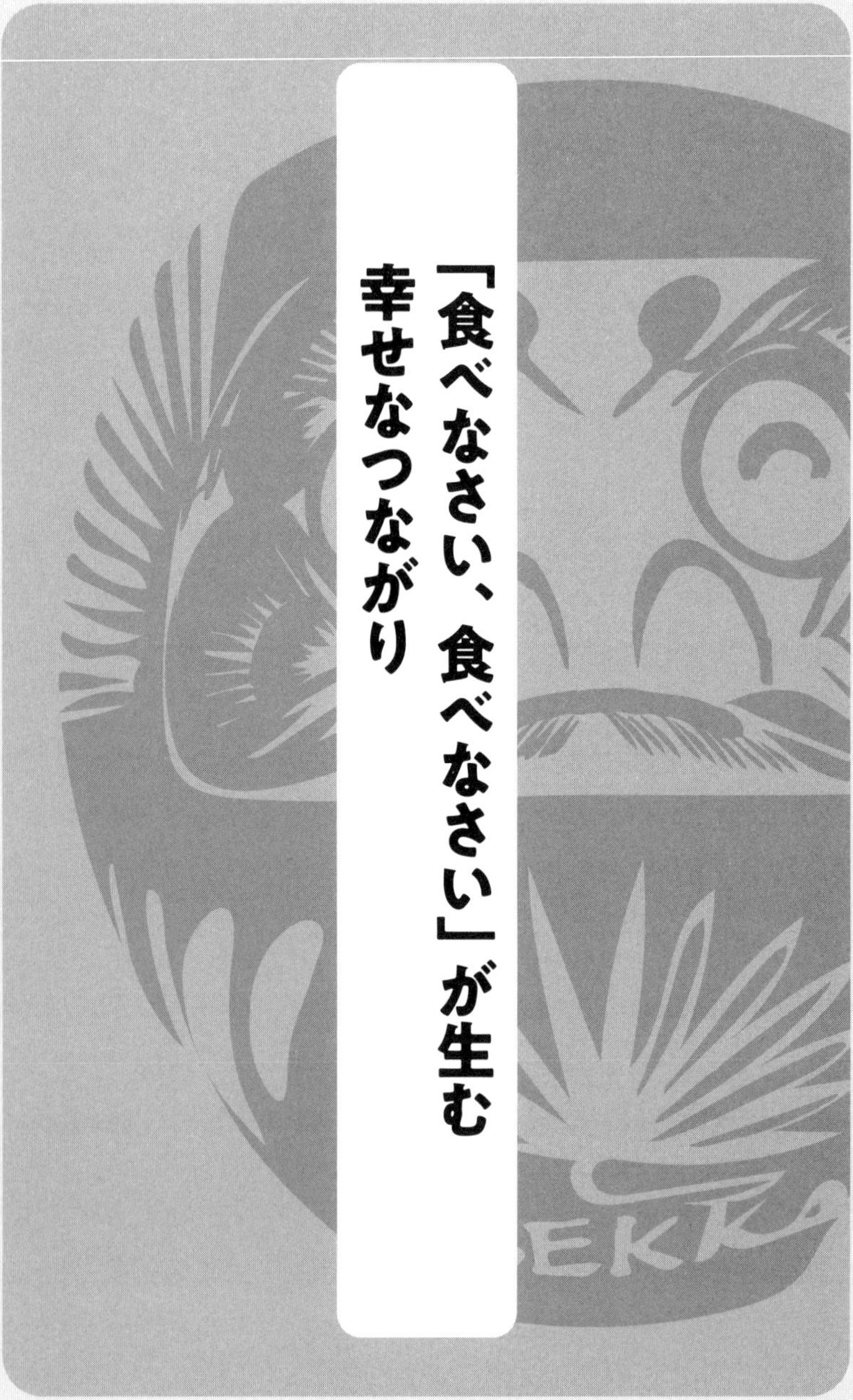

「食べなさい、食べなさい」が生む幸せなつながり

戦国時代には、「汁講」という「味噌汁パーティー」のようなものがあったそうです。招かれるほうは、ご飯を弁当箱に詰めて持参する。おもてなしするほうは、ごぼうやネギなどが入った味噌汁やお酒を用意する。

味噌汁は、鍋のまま座敷に出され、みんなで分け合いながら盛り上がり、結束を強めたのだとか。

シンプルなパーティーですが、なんだか楽しそうですよね。

味噌汁は、私のおもてなしの定番メニューでもあります。

私は親しさの度合いにかかわらず、初対面の人でも家に招いておもてなしをするのが大好き。我が家には、友人はもちろん、おせっかい協会の活動を通じて知り合った人たちや、相談事がある人など、いろんな人が集まってきます。

味噌汁なら、相手も遠慮せず気軽に飲んでくれるし、腹持ちもいい。最高のおもてなし料理なのです。ほかにも手料理をふるまったり、お取り寄せしたお菓子を一緒に食べたりしています。

なんで、そんなことをするのかというと、ただ「楽しいから」、それに尽きます。

おもてなしというと、キレイにテーブルセッティングをして、ちゃんとした料理をつくって、と考える人が多いようですが、そんなにがんばっていたら、気軽に人を招けなくなってしまいますよね。

おもてなしで大切なのは、形ではなく心です。

自分が「美味しい」と感じた幸せを、独り占めするのではなく、まわりの人にもおすそ分けする。幸せを分け合って、まわりも幸せにしていこう。そんな気持ちです。

だから、いつもの自分の料理や、自分が「美味しい！」と感動したものを、「食べなさい、食べなさい」と分かち合うだけでいいのです。

それが、幸せなつながりを引き寄せてくれます。

以前、こんなことがありました。

私のところにはお手紙がたくさん届くので、ペーパーナイフが欲しいと、買いに行きました。ところが、どんなに探しても、いくら店員さんに聞いても、「これだ！」と思うものが見つかりません。でも夜に自宅で人と会うことになっていたので、諦めて帰りました。

すると、家に来たお客さんが、たまたまお土産にとペーパーナイフをくれたのです。

ほかにも、本をつくるために集まったスタッフの男性と、何度もご飯を一緒に食べるうちにすっかり打ち解けたあるとき、彼が「彼女がいない」とポロリと言ったことがありました。

そこで知人の女性を紹介したら、めでたく結婚に至った、といううれしい出来事もありました。

家に人を招くのが難しくても、いつもお気に入りのアメを持っていて、元気のない同僚やお客さまと分かち合う、美味しいものがあれば分けてあげる……。できることはたくさんあります。

そんなちょっとしたおせっかいが深いつながりとなって、あなたの人生を実り多い、幸せなものにしてくれるのです。

ピンチのときは「笑顔で明るく元気に前へ」

私がおせっかいを焼くのは、その人の笑顔が見たいから、というのもあります。元気のなかった人が、ちょっとした手料理で笑顔になる。

その笑顔を見ていると、なんとも言えず幸せな気持ちになれます。それが、私のエネルギー源なのです。

たとえば、我が家ではお客さまが来たときは「おかえりなさい！」と迎え、帰るときは「行ってらっしゃい！」と送り出します。

そうすると、ワイワイ大人数で話したあと、お客さまが夜遅く家に帰っても、寂しくないのです。

だから、帰り際にみんながいい笑顔を見せてくれます。

笑顔には、本人はもちろん、まわりを幸せにする力があります。

悲しい気持ちのときも、口角を上げるだけで「楽しい」「うれしい」と脳が錯覚を起こし、ポジティブな気持ちになるそうです。

笑顔には、人からの好感度を高める効果もある、と言われています。笑顔はすべての基本なのです。

長く営業という仕事をしてきた私は、さまざまなタイプの人と出会ってきました。その中で、まわりに人が集まってくる人、「この人を応援してあげたい」と思われる人たちには、共通点があることに気がつきました。

彼、彼女らは、ピンチのときほど、笑顔で前向きに進んでいける人たちなのです。

平常時には、誰もが笑顔でいられます。でも、ミスを犯したり、トラブルに巻き込まれたりしたときは、なかなかそうはいきません。

人から好かれる人というのは、そこが大きく違います。

たとえば、客先にシャレにならないメールを誤送信してしまった、アポの予定を勘違いしてお客さまを怒らせてしまった、お客さまからの無茶な要求を聞きすぎて上司に怒られた……。

そんな失敗をしてしまったときも、不機嫌顔で憂鬱な気分をまき散らし、まわりに気を遣わせるのではなく、「同じ失敗は繰り返さない」と心に決めて気持ちを切り替え、笑顔でさっと次の客先に出かけていく。そんな前向きで明るい人のまわりに、人は集まってきます。

世の中は、人と人とのつながりでできています。

親子関係や友だち関係はもちろん、職場の上司や先輩、同期、取引先と、さまざまな関係の中で私たちは生きています。思わぬところから舞い込んでくる幸運、意外なタイミングで訪れる人生の転機は、こうしたつながりの中から生まれるのです。

だからこそ、ピンチのときほど「笑顔で明るく元気に前へ」を心がけてみてください。

そんなあなたを誰かがきっと見ていてくれています。

つらいときこそ「やり方」でなく「あり方」

営業がつらい。

疲れてしまう。

不安が消えない。

そんな声をよく耳にします。

最近では、大学生の就職活動での人気職種は人事やマーケティングで、営業は人気がないそうです。

その一方で、現実には文系学生の大半が営業職として入社しています。

「営業はやりたくないけど、営業しか仕事がない」と思っているだけに、営業がつらいと感じる人が多いのかもしれません。


でも、そんな人にこそ、小手先の「やり方」ではなく、人としての「あり方」を大切にしてほしいのです。

あり方と聞くと難しく聞こえますが、**要は「一人の人間としてどうありたいか」をつねに問いかけて日々、自分を磨き、周囲から応援してもらえる人間的な魅力を高めようということ**です。

「嘘はつかない」
「損得に惑わされない」
「人を傷つけることはしない」
「相手を思いやる」
「利他の精神で相手を喜ばせる」

これらの「人として守るべきルール」を大切にしながら、遠慮はほどほどにして、自分が思ったことを言葉で素直に表現していけばいいのです。

遠慮ばかりしていると、あなたの魅力や本当の姿、考えていることなどがお客さまに伝わりません。

完璧な人間などいないのですから、ときには目先の数字に追われてしまったり、お客さまへの感謝が足りなかったりすることもあるでしょう。そんなふうに、人としてのあり方が「まだまだだな」と感じたら、反省して自分を成長させていきましょう。

自分の素を隠して、表面的なやり方だけを覚えてモノを売ろうとするから、つらくなってしまうのです。

自分を会社や営業という型にはめ込む必要はありません。

感じたことを、心のままにやってみる。

失敗したら、改める。

頭であれこれやり方をシミュレーションするよりも、「人としてどうあるべきか」を考え、自分の素を磨いていきましょう。お客さまの心を動かすのは、人としてよりよくあろうとする、あなた自身のあり方なのです。

自分ができないことは「人に任せること」も大事

私たちは、ないものねだりが上手です。ないもの、できないことばかりに目を向けて、「どうして私には才能がないのか」「もっとお金があればできるのに」「イケメンに生まれていたら」などと嘆き、人をうらやんでしまいます。

でも、どんなに嘆いても、朝目覚めたら「音楽の才能で世界デビューしていた」「お金持ちになっていた」「理想の顔になっていた」なんてことは起こりません。

だからといって、それはまったく残念なことではないと私は思います。

できないことがあるからこそ、他人が関わる余地が生まれるからです。

「助けてあげよう」と周囲から働きかけてもらえたり、自分から「私はこれが苦手だから、助けてくれませんか。その代わり、これは私に任せてください」と申し出たりすることでチームがまとまっていく、ということだってあります。

自信があるように振る舞って自分を疲れさせるのではなく、「これはできないけど、これはできる」と正直に言って、人に任せることができる人こそ「本当に自信のある人」なのです。

ビジネス書などには「優秀すぎる上司は好かれない。適度に隙をつくれ」などと書いてあるそうです。できないことが多い人は、隙をつくらずとも最初から隙があるので、かえってラッキーと思ったほうがいいくらいです（笑）。

私自身も、第1章でお話ししたように、パソコンがまったくできないにもかかわらず仕事を受けてしまったので、パソコンに詳しい人を雇って助けてもらいました。私の得意分野は営業ですから、自分でパソコンを学ぶということは考えなかったのです。

私が「自分のいいところを伸ばせばいい」と思えるのは、母のおかげです。

「自分には自分のいいところがある。人には人のいいところがある。私たちはそのいいところに誇りを持って生きていけばいい」
「あなたにはあなたのいいところが、たくさんあるじゃない」

母は、優秀な姉に比べて勉強ができなかった私に、繰り返しこう言ってくれました。

この言葉に、何度救われたかわかりません。

できないことがあってもいいのです。そんな自分をどうか認めてあげてください。できないことが悪いと思っていると、できない自分のことも他人のことも嫌いになって、人にやさしくできなくなってしまいます。

この年齢まで生きてきてわかったのは、どんなにがんばってできないことを一つずつ消していったつもりでも、徐々に子どものころの自分に戻っていくということです。**もともと持っている性質や特性は、消し去ることはできません。だったら、早いうちから認めてあげたほうがいいのです。**

ないものねだりをやめると、いまあるものに目が向くようになります。

「人と比べなくても、私には私のいいところがたくさんある。できないことは、お互いに補い合っていけばいい」

そんなふうに考えることができれば、仕事でもプライベートでも「本当の自分がいつバレてしまうのか」とビクビクせずに済み、本当に自分らしくハッピーな時間を過ごせるようになっていきます。

いつの時代も最強なのは自分を信じている人

人から相談を持ちかけられることの多い私ですが、「こうしなさい、ああしなさい」と具体的なアドバイスをすることはほとんどありません。私は「やってみればいいじゃない」と、ちょっと背中を押すだけです。

みんな本当は、すでに自分の中で答えが出ているからです。

でも、自信が持てない。自分を信じることができない。だから、人に相談したり、占い師のところに行ってみたりするのです。

そこで反対されれば決意が揺らぎ、結局は行動できないまま終わるかもしれません。思うように共感してもらえず、「やっぱりダメか」と落ち込むこともあるでしょう。

人の意見を聞きすぎて、結局、何をすべきかわからなくなり、自分の希望とは真逆の選択をしてしまうこともあるかもしれません。

でも、答えは自分の中にしかないのです。

問題は、じつはいたってシンプル！

自分が「やる」か「やらない」か。どちらのほうが、自分がより納得し、満足できるのか。それだけなのです。

人生は、あっという間に過ぎていきます。時間は無限ではありません。聞かなければいけないのは、人の意見ではなく、自分の心の声です。

「人はそう言っているけれど、私は、本当はどう思っているの？」

そうやって聞こえてきた自分の声に、耳を傾けてください。自分を信じ、その声にしたがってみるのです。

自分を信じる根拠？

そんなものなくたって大丈夫。

「なんとなくできる気がする」

「やってみたい」

そんな気持ちがあれば十分です。

あのスティーブ・ジョブズだって「信じる根拠は何でもいい」「他人の意見という騒音によって、自分の内なる声が掻き消されてはならない」と言っているくらいですから。

むしろ「自信の根拠が明確にある」という人のほうが危険かもしれません。

もし、自分を信じる根拠が高学歴だという人でしたら、自分よりも高学歴の人を前にしたら、その自信は即座に霧消してしまいます。

お金も同じです。高年収や貯金の金額が自信の根拠になっている人は、もし何らかの事情で自分のお金が減ってしまった場合、自信満々どころか一気に不安になってしまうでしょう。

結局、信じられるのは自分自身です。しかも、根拠なんかなくていい。人に相談することが悪いとは言いませんが、自分で即断し、即行動に移せる人ほど、結果がどうあれ自信を深めていけるのです。

太陽に感謝して太陽のように生きる

「太陽のように生きよう」

私が、何があっても明るく前を向き、人が喜ぶことをしようと心がけてきたのは、もともとの性格もありますが（笑）、幼いころのこんな出来事も影響しています。

母が事業に失敗して生活が困窮したことはすでにお話ししましたが、じつは手形が不渡りになって債権者が押し寄せ、私たちの目の前で家財道具一式が運び出されてしまったことがありました。

私が12歳のときです。その夜、母は「もうどうしたらいいかわからない」と父の遺影に向かって泣き崩れ、私たち姉妹もつられて涙をこぼしていました。

そのとき、玄関のほうで音がしました。

母が見に行くと、玄関の戸に紙切れが挟まれていたのです。

「あなたには３つの太陽があるじゃありませんか。いまは雲の中に隠れていても、必ず、光輝くときが来るでしょう。それまでどうかがんばってくじけないで生きてください」

それは、おせっかいな隣人からの手紙でした。壁の薄い家だったので、我が家の様子も筒抜けだったのでしょう。この手紙の温かさにうれし泣きしながら、家族4人で繰り返し読んだことを、いまでも覚えています。

このときの経験が、私に手紙の力、おせっかいの力を教えてくれたのです。そして、このあと母は「私の太陽」と、ことあるごとに私たちを呼ぶようになりました。

晩年、母は「本当につらいあの時期を乗り切れたのは、あの手紙のおかげだった」と言っていました。

自分が太陽となり、誰かを幸せにできるなら、これほどうれしいことはないと思いませんか？

「あなたのおかげで元気になれた」

「さっきまで落ち込んでいたけれど、あなたと話していたら忘れちゃった」

自分が得をすることや、損をしないことばかりを優先するより、人の役に立ってまわりを元気にすることを考えれば、自分も元気がもらえます。

薬やサプリメントを飲まなくても、心と体が満たされるのです。

ちなみに、この隣人からの手紙のエピソードは、ＴＢＳ東芝日曜劇場の１０００回記念でドラマ原案の募集に応募したところ、２万人の中から選ばれて入選し、ドラマ化されました。

「生きていればこんないいこともあるんだ」と、ドラマを観た人の人生を一瞬でも明るく照らすことができたのであれば、こんなにうれしいことはありません。

おわりに

お金を残さない、仕事は残してもいい、人を残そう

私は70歳を過ぎてから、おせっかい協会という社団法人を起ち上げました。

といっても、自宅を開放して、来たい人が自由に出入りするだけ、とくに会員もいない、というシンプルな活動です。

それでも多いときは1週間に70人、80人の人がやってきます。

みんなで同じTシャツを着てゴミ拾い活動をしたこともあります。

オレンジ色のド派手なTシャツをみんなで着たのは「あの人たち、何なの?」と注目を集めて写真を撮る人が増えるので、SNSで拡散効果があるだろうという私の目論見です(笑)。

子ども時代に経験した貧乏の苦しさ、さまざまな商品の営業経験、結婚や離婚、会社

を興したことなど、自分の思うことをやってきた結果、最後にみんなに伝えたいと思ったのが「おせっかい」だったのです。

当初、私がおせっかい協会の構想を話したところ、まわりからは「ようやくゆっくりできるのに、なんでわざわざそんなことをするの？」「お金はどうするの？」と反対の嵐でした。

でも、最後にしたがったのは、やっぱり自分の心の声でした。

「病院にも老人ホームにもお世話にならない。見返りを求めず、おせっかいをする」

私は経営者をしていたので、お金持ちなんだろうと思われることがあります。

でも、上場したのは娘たちががんばったからであって、私自身は生活に困ることはない、という程度です。

じつは、みなさんが想像するセレブな生活はしていません（笑）。

その代わり、仕事や会社、人は残してきたという自負があります。

子どもや孫に、お金そのものを残すのは毒にしかなりません。

子どもたちにはお金を得るための知識や方法を、そして社会のためには、人と人とがつながって回っていく仕事や会社を残す。

そのほうが、よっぽど価値があると思うのです。

お金は、体が動くうちに働けばどうにかなることです。

老後に2000万円必要とメディアで大きく取り上げられていましたが、私からすると「死ぬためにお金を貯める？　なんで？」という気持ちです。

そんな心配をするよりも、家に来てくれるおせっかい仲間たちに料理をつくったり、あれこれ話したりして、どんどん幸せなつながりが生まれていくのを見るほうが、私は断然楽しいのです。

若い人の中にも「年金もらえないらしいよ」と、すでに老後の心配をしている人も少なくありません。その心配も理解できなくはないのですが、人と人とはお金や契約だけでつながるものではないのです。

相手の懐に飛び込んで、おせっかいを焼いてみる、焼かれてみる。そんな関係をたくさんの人と築いていけば、思わぬ幸運に恵まれるようになります。

そうすると、自ずと営業でも、それ以外の仕事でも結果を出せるようになるし、たとえその仕事をやめても、お客さまともずっと友人でいられます。そんなつながりが生まれる場所に、おせっかい協会をしていきたいですね。

おせっかいの先には、年金など気にならないくらい、豊かな人生が待っていることを、若い人たちに伝えたい。それが私の願いです。

最後になりますが、この本を出版するにあたって、さまざまな方にご協力・ご指導をいただきました。みなさま、本当にありがとうございました。この場を借りてお礼申し上げます。

本来であれば、お一人ずつお名前をあげてお礼をお伝えしたかったのですが、お世話になった方が多すぎて残念ながら絞り切れません。

そこで、勝手ながらみなさまを代表して、私の母にお礼を述べさせてください。

長女が、社員のみなさんに向けて書いたメールの中で、私のことを次のように言っていました。

「創業者と言って、あの当時の母が、優秀なビジネスマンだったかと聞かれたら、今考えてもかな〜り疑問です。苦笑。

でも、母のまわりには、母を慕ってくれる人たちが大勢いました。小さな小さな会社だったけど、母のまわりには温かい応援団たちがいつもいてくれました。小さな小さな会社だったけど、母のまわりには夢を抱いて一緒に働いてくれた仲間たちや、仕事のチャンスをくれた人たちがいました。

母がいなければ、サニーサイドアップも私もいなかったのは事実です。私を生んでくれて、会社も生んでくれた、高橋恵に私も心から感謝です」

娘が言うように、私は優秀なビジネスマンだったかと聞かれたら、とんでもない、平凡な女性です。**でも私は、本当に人との出会い、ご縁には恵まれました。**

私のもとには「自分も起業したい」「事業をしてみたい」という声が全国から、ときには海外からも届きます。その多くは女性からのもので、彼女たちはかつての私と同じように、お金も人脈もない、才能も資格もない、実績も経験もないという、それこそ「ないない」尽くしだそうです。

そんな彼女たちに、私は**「正しく生き、情熱さえあれば、誰でも起業家になれます」**と言っています。私がやったのは「自分の持つエネルギーを惜しまずに出し尽くす！」ということだけでした。

私の座右の銘は「不惜而楽《ふしゃくじらく》」、造語なのですが「惜しまずにしてしかも楽しい」という意味です。

おそらく、私を慕って応援してくれた人たちも、夢を抱いて一緒に働いてくれたみんなも、仕事のチャンスをくれた方々も、この「不惜而楽」に共感してくださったのではないかと思っています。

本章で、私が母から「天知る、地知る、我知る」と言われた話を紹介しましたが、この言葉はいつでも私の支えになってくれました。**この教えが根底にあったから、私はどんなことにも自分の持つエネルギーを、惜しまずに出してがんばれたのだと思います。**

「あなたには、あなたのいいところがたくさんあります」と言い続けてくれた母、「どんなに貧乏になっても、心まで貧乏になってはいけません」と教えてくれた母に、心の底から「本当にありがとう」と伝えたいです。

そして、そんな母からの教えを、私は娘たちにも、孫たちにも伝えてきました。

サニーサイドアップは大きな会社になりましたが、現社長の長女の親友で、創業時から一緒だった松本理永は「損得抜きで人として信頼できる社長のもとで働けるということは、本当に幸せです」「そして、普通の高校生だったのに、こんな人生を送らせていただき感謝しています」と言ってくれました。創業から36年間、いまも会社で働いてくれています。

母から始まって親子三代に脈々と流れている「天知る、地知る、我知る」の教えが、この本を読んでくださったあなたに少しでも伝わってくれたら、著者としてこれ以上の喜びはありません。

営業は、確かにハードな仕事ですが、モノやサービスを通じて人と人とをつなぐ、本当に面白い仕事でもあります。迅速に行動し、情熱と愛でお客さまと向き合い、そしてあなたなりのおせっかいを焼いてみてください。

必ず「営業の神さま」が見てくれていますから。

高橋 恵

読者特典のお知らせ

【特典１】応援歌のご提供

本書の出版を記念し、私のおせっかい仲間でシンガーソングライターの鈴木智子さんが、読者のみなさまに向けて応援歌をつくってくれました。彼女の歌に合わせて、私のおせっかい仲間たちが動画を撮ってくれたので、YouTube上で限定公開します。上場企業の創業者というと、何やらすごいご想像をする方もいますが、全然そんなことありません（笑）。こんな感じで、みんなで楽しく「おせっかい活動」をしています。機会があればぜひ遊びに来てくださいね！

【特典２】本には書けなかった営業術を公開

私が心がけている「心をつなぐおせっかい営業５つの極意」を動画でご紹介します。紙幅の関係で本には書けなかったことですが、明日からでもすぐにできることを具体的にご紹介しますので、営業力を上げたい方はぜひご覧ください。

なお、著者の高橋恵にお問い合わせがある方は、下記までご連絡ください。講演会やセミナーなどについても、まずはこちらを窓口とさせていただきます。

一般社団法人おせっかい協会

www.osekkai.jp

〒164-0001 東京都中野区中野4-3-1-1905

TEL：03-3228-4388　email：info@osekkai.jp

高橋 恵 たかはし めぐみ

1942年生まれ。一般社団法人おせっかい協会会長。3歳のときに父が戦死し、26歳でシングルマザーとなった母のもと、3人姉妹の次女として育つ。短大卒業後は広告代理店に勤務。同社を結婚退職後、2人の娘の子育てをしながらさまざまな商品の営業に従事し、トップセールスを記録。その後、40歳で離婚。42歳で当時高校生だった長女らと共に自宅のワンルームマンションで株式会社サニーサイドアップを創業。その後、長女に託した同社はジャスダック、東証二部を経て2018年に東証一部に上場する。60代は忙しく働く長女に代わって孫育てに精を出し、70代となった2013年には一般社団法人おせっかい協会を設立。全国各地の学校、商工会議所、企業などで講演活動をおこなう。
主な著書に『あなたの心に聞きなさい』(すばる舎)、『笑う人には福来る』(文響社)、『幸せを呼ぶ「おせっかい」のススメ』(PHP研究所)がある。『1日1話、読めば心が熱くなる365人の仕事の教科書』(致知出版社)にも取り上げられている。

営業《えいぎょう》の神《かみ》さまが笑《わら》うとき

発行日 2021年 5月15日 第1版第1刷

著 者 高橋《たかはし》 恵《めぐみ》

発行者 斉藤 和邦
発行所 株式会社 秀和システム
〒135-0016
東京都江東区東陽2-4-2 新宮ビル2F
Tel 03-6264-3105（販売） Fax 03-6264-3094
印刷所 三松堂印刷株式会社 Printed in Japan

ISBN978-4-7980-6415-4 C0030